Thomas Schäffer

Leitbildentwicklung als Beratungsprozess in Unternehmen der Kultur- und Kreativwirtschaft

Zum Autor:

Thomas Schäffer, geb. 1957 in Düsseldorf, diplomierter Kulturmanager, Master Business Consulting (MBC), geprüfter Coach und Moderator, Musiker

Wirkte als Künstler und Musikpädagoge; leitete die Managemententwicklung des Unternehmensbereichs Elektronische Medien der Bertelsmann AG; betrieb als geschäftsführender Gesellschafter die Schäffer & Kleist Unternehmensberatung GmbH sowie die x-act Marketing- und Eventberatung GmbH; betreibt seit 2001 als Geschäftsführer der nordmedia – Die Mediengesellschaft Niedersachsen/Bremen mbH standortbezogen kulturwirtschaftliche Förderung von Film-, TV- und Medienprojekten sowie Beratungen und Clustermanagement im Bereich der Digitalen Medienwirtschaft; engagiert sich eigenunternehmerisch im Bereich der Kunst- und Kulturvermittlung mit dem Portal www.culture-matters.de; arbeitet als Berater, Coach und Moderator. Mehr unter: www.thomasschaeffer.de

Schäffer, Thomas

Leitbildentwicklung als Beratungsprozess in Unternehmen der Kultur- und Kreativwirtschaft

Wismarer Beiträge zum Consulting, Band 3
Herausgegeben von:
Prof. Dr. Thomas Wilke
Prof. Dr. Kai Neumann
Prof. Dr. Jürgen Zeis
Prof. Dr. Andreas von Schubert

1. Auflage 2011 | ISBN: 978-3-86741-751-8
© Europäischer Hochschulverlag GmbH & Co. KG, Bremen, 2011.
Alle Rechte vorbehalten.

Thomas Schäffer

Leitbildentwicklung als Beratungsprozess in Unternehmen der Kultur- und Kreativwirtschaft

Wismarer Beiträge zum Consulting, Band 3

www.eh-verlag.de

Inhaltsverzeichnis

Abbildungsverzeichnis   III
Tabellenverzeichnis   IV
1   Einleitung und Problemstellung   1
2   Leitbild   4
    2.1   Definitionsansätze   4
    2.2   Organisationskultur   8
        2.2.1   ‚Weiche' und ‚harte' Faktoren – das 7 S-Konzept von Peters und Waterman   9
        2.2.2   Das Kultur-Ebenen-Modell von Schein und das Prozessmodell der Kultur von Hatch   11
        2.2.3   Die Vier-Felder-Typologie von Deal/Kennedy   17
        2.2.4   Das Kreismodell konkurrierender Werte nach Quinn   19
        2.2.5   Ableitung relevanter Aussagen für den Prozess der Leitbildentwicklung   21
    2.3   Managementkonzeption   23
        2.3.1   Das St. Galler Management-Konzept   23
        2.3.2   Das normative Management – Vision, Mission, Verfassung und Kultur   24
        2.3.3   Das strategische Management   29
        2.3.4   Das operative Management   30
        2.3.5   Weiterentwicklung des Modells   31
        2.3.6   Ableitung relevanter Aussagen für den Prozess der Leitbildentwicklung   32
    2.4   Begriffsbestimmung ‚Leitbild'   33
3   Leitbildentwicklung   34
    3.1   Prozessmodelle für die Leitbilderstellung   34
    3.1   Die Leitbildentwicklung als Beratungsprozess   41
        3.2.1   Workshop-Consulting   44
        3.2.2   Lean-Consulting   49
        3.2.3   Standardisierte Beratungsprodukte und Werkzeuge   51
    3.3   Ableitung relevanter Aussagen für den Leitbildberatungsprozess   53
4   Kultur- und Kreativwirtschaft   57
    4.1   Allgemeine Bedeutung der Kultur- und Kreativwirtschaft   57
    4.2   Kultur- und Kreativwirtschaft im internationalen Kontext   59
        4.2.1   Creative Class und Creative Economy   59
    4.3   Definition Kultur- und Kreativwirtschaft   62
        4.3.1   Erwerbswirtschaftliche Orientierung   62
        4.3.2   Kulturelles/kreatives Gut   64
        4.3.3   Branchensparten   64

4.3.4	Wertschöpfungskette	65
4.3.5	Bestimmungsmerkmal Unternehmensgröße	65
4.3.6	Bestimmungsmerkmal Organisation und Steuerung	67
4.3.7	Bestimmungsmerkmal Unternehmer/Entrepreneur	68
4.4 Zusammenfassung und Schlussfolgerungen für die Leitbildberatung		70
5 Praxisbeispiel		**73**
5.1 Darstellung des Beratungsprozesses		73
5.1.1	Ausgangssituation	73
5.1.2	Beratungskonzeption	74
5.1.3	Initiierung	75
5.1.4	Produktion	76
5.1.5	Beteiligung, Entscheidung, Umsetzung	78
5.2 Bewertung des Prozesses		78
6 Fazit		**82**
7 Literatur		**84**

Abbildungsverzeichnis

Abb. 1:	McKinsey 7-S Framework	10
Abb. 2:	Die drei Ebenen der Unternehmenskultur nach Schein	12
Abb. 3:	Prozessmodell der Kultur nach Hatch	16
Abb. 4:	Unternehmenskulturtypen nach Deal/Kennedy	19
Abb. 5:	Modell konkurrierender Werte nach Quinn	20
Abb. 6:	Struktur des St. Galler Management-Konzepts nach Bleicher	24
Abb. 7:	Zusammenhang Unternehmenspolitik und Strategie nach Hinterhuber	29
Abb. 8:	Zielgrößen und Maßstäbe in den Managementdimensionen nach Pümpin	31
Abb. 9:	Stufenweises Gegenstromverfahren nach Müller-Stewens/Lechner	35
Abb.10:	Idealtypischer Leitbildprozess nach Buber/Fasching	36
Abb.11:	Prozess der Geschäftsleitbildformulierung nach Fink/Siebe	39
Abb.12:	Modellhafter Ablauf Lean-Consulting für die Leitbildentwicklung	50
Abb.13:	Singapore Model of Creative Industries	60
Abb.14:	Matrix kulturwirtschaftlicher Tätigkeitsarten	63
Abb.15:	Die kulturelle Wertschöpfungskette	65
Abb.16:	Prozess der Leitbildentwicklung im Praxisprojekt	75

Tabellenverzeichnis

Tab. 1:   Semantische Analyse zu Leitbildbestimmungen   7

Tab. 2:   Vergleichende Gegenüberstellung von idealtypischen Leitbildprozessen   38

Tab. 3:   Übersicht partizipativer Formate im Prozess der Visionsfindung   47

1 Einleitung und Problemstellung

Laut der KPMG-Studie ‚Unternehmensleitbilder in deutschen Unternehmen' aus dem Jahr 1999, bei der eintausend deutsche Unternehmen befragt wurden, verfügten 85 % der auf die Befragung antwortenden Unternehmen über ein Leitbild. Die meisten dieser Leitbilder wurden in den 1990er Jahren verfasst.[1] Bart stellt mit Bezug auf eine Untersuchung der Unternehmensberatung Bain & Company fest, dass Leitbilder eines der populärsten Managementkonzepte der Gegenwart sein dürften. Als Gründe hierfür nennt er, dass Leitbilder (mission statements) gemeinhin als Eckpfeiler einer jeden Strategieformulierung angesehen werden. Bart sieht den besonderen Wert von Leitbildern in zwei grundlegende Ergebniswirkungen: (1) sie inspirieren und motivieren die Mitglieder einer Organisation zu außergewöhnlicher Leistung – d. h., sie haben Einfluss auf das Verhalten – und (2) sie leiten den Prozess der Ressourcenallokation in Form von Konsistenz und Fokussierung.[2] Auf der Basis einer empirischen Untersuchung kommt er allerdings auch zu dem Befund, dass Leitbilder in der Praxis überwiegend nicht den an sie gestellten Erwartungen und Anforderungen entsprechen: „The overall conclusion is that, in any sample of mission statements, the vast majority are not worth the paper they are written on and should not be taken with any degree of seriousness."[3] Die Gründe, die er hierfür aufführt sind vielschichtig. So werden die Ziele seitens der Befragten als nicht realisierbar bezeichnet. Sie sind entweder mehrdeutig und unklar formuliert oder aber zu ehrgeizig. Die Inhalte der Leitbilder werden überwiegend als weder zum Unternehmen als auch zur Umwelt passend charakterisiert. Leitbilder haben zudem in der Praxis kaum Einfluss auf die Ressourcenallokation - vielmehr werde diese viel stärker durch die Machtverhältnisse bestimmt. Schließlich besteht eher keine Übereinstimmung zwischen den Normen von Leitbildern und dem tatsächlichem Verhalten im Unternehmen.[4]

Müller-Stewens/Lechner sehen als Konsequenz aus diesem Befund im Besonderen die Notwendigkeit einer Veränderung des Prozesses der Leitbildentwicklung.[5]

Die vorliegende Arbeit betrachtet die Leitbildentwicklung aus der Perspektive der Beratung und grenzt den Klientenkreis in der weiteren Untersuchung auf Unternehmen der Kultur- und Kreativwirtschaft ein. Auf der Basis dieser

---

[1] Vgl. KPMG: 1999, S. 7.
[2] Vgl. Bart, C. K.: 1997, S. 9.
[3] Ebenda.: 1997, S. 12.
[4] Vgl. Müller-Stewens, G., Lechner, C.: 2001, S. 180.
[5] Vgl. ebenda: 2001, S. 180.

Prämissen ist es Ziel der Arbeit, einen adäquaten Beratungsprozess der Leitbildentwicklung zu entwerfen, der dem Anspruch einer nachhaltigen Wirksamkeit für das beratene Unternehmen oder den einzelnen Klienten gerecht wird.

Nachhaltig wirksam soll dabei im Sinne der allgemeinen Zielsetzung für die Dienstleistung der Beratung als „[...] einer Verbesserung der Überlebensfähigkeit und/oder Ertrags- bzw. Kostensituation der Kundenorganisation"[6] verstanden werden. Die Leitfrage dieser Arbeit lautet also:

Wie ist ein Beratungsprozess zur Leitbildentwicklung für Unternehmen der Kultur- und Kreativwirtschaft zu gestalten, damit das Ergebnis für den Klienten zu einer Verbesserung seiner Überlebensfähigkeit und/oder Ertrags- bzw. Kostensituation führt?

Dabei wird zunächst auf die Begrifflichkeit eingegangen und ein die weitere Arbeit leitendes Grundverständnis von Leitbild entwickelt. Im Weiteren werden die wesentlichen Rahmenbedingungen einerseits für die Wirkungsweise von Leitbildern und andererseits für die Zielstellung von Leitbildern dargestellt. Grundlage hierfür sind im Besonderen Theorien und Modelle der Organisations- und Managementforschung.

Im Anschluss wird auf den Prozess der Leitbildentwicklung im Besonderen als Beratungsdienstleistung eingegangen. Beratung wird dabei im Sinne der Unternehmensberatung als „[...] Dienstleistung, die durch eine oder mehrere unabhängige und qualifizierte Person(en) erbracht wird"[7] verstanden. „Sie hat zum Inhalt, Probleme zu identifizieren, definieren und analysieren, welche die Kultur, Strategien, Organisation, Verfahren und Methoden des Unternehmens des Auftraggebers betreffen. Es sind Problemlösungen zu erarbeiten, zu planen und im Unternehmen zu realisieren."[8] Dienstleistungsprodukte aus Sicht der Unternehmensberatung sind dabei im weitesten Sinne die in diesem Prozess vom Kunden bezahlten Beratungsleistungen, die generell vom Gutachten, der Strategieformulierung, von Research-Maßnahmen über Workshops, Coachings, Trainings bis hin zu Implemetierungs- oder Managementaufgaben reichen können.[9] Auf der Grundlage einschlägiger Fachliteratur wird dargestellt, welche Methoden und Beratungsprodukte für die Leitbildentwicklung von besonderer Bedeutung sind.

Die Branche Kultur- und Kreativwirtschaft ist als solche erst in den letzten Jahren benannt und als Wirtschaftszweig neu gefasst worden. Vor diesem

---

[6] Heuermann R., Herrmann F.: 2003, S. 12.
[7] Niedereichholz, C.: 1997 Bd. 1, S. 1.
[8] Ebenda: 1997 Bd. 1, S. 1.
[9] Vgl. ebenda: S. 175.

Hintergrund wird die Branche auf der Basis aktueller Quellen aus Politik und Kulturforschung beschrieben und näher bestimmt. Es wird zudem auf Eigenschaften abgehoben, die Unternehmenstypen der Kultur- und Kreativbranche anschaulich machen.

Auf dieser Grundlage werden für den Beratungsprozess der Leitbildentwicklung wesentliche Aspekte abgeleitet. Die Ergebnisse dieser Ableitung werden schließlich in der konkreten Anwendung in einem Unternehmen der Branche verprobt und kritisch gewürdigt.

2 Leitbild

Der Begriff ‚Leitbild' wird in der Literatur häufig synonym mit diversen weiteren Begriffen verwendet. Für den deutschsprachigen Raum kursieren Bezeichnungen wie Organisationsleitbild, Unternehmensgrundsätze, Unternehmensphilosophie oder Unternehmenspolitik während im angelsächsischen Raum Begriffe wie Basic Beliefs, Mission Statement oder Corporate Philosophy genannt werden.[10] Weitere Begrifflichkeiten sind ‚Grundgesetz', ‚Zehn Gebote'[11] oder auch ‚Verfassung' einer Organisation.[12]

Diese Auswahl ist sowohl Beleg für die Vielfalt an Bezeichnungen als auch dafür, dass eine einheitliche und allgemein verbindliche Definition nicht existiert. Vielmehr wird sich dem Begriff aus unterschiedlichen Blickwinkeln und vor dem Hintergrund diverser Zweckbestimmungen genähert. Buber/Fasching stellen hierzu fest, dass „[...] schon die Festlegung auf eine oder das Finden einer eigenen, für die je individuelle Situation der Organisation zweckmäßige Definition [...] ein wichtiger Prozeßschritt [sic] [...]" sei.[13]

Für die weitere Arbeit ist es daher erforderlich, zunächst die Begrifflichkeit zu erläutern und in einen Bezugsrahmen einzuordnen. Im Folgenden werden zunächst einige Definitionen und Begriffsannäherungen aus der einschlägigen Fachliteratur zusammengestellt und anschließend zu einer Grundauffassung verdichtet.

2.1 Definitionsansätze

Ein Unternehmensleitbild lässt sich nach Hunsdiek „[...] als Summe schriftlich fixierter Aussagen zum Grundzweck und den globalen Soll-Vorstellungen eines Unternehmens unter Berücksichtigung aller relevanten Anspruchsgruppen definieren."[14]

Laut Graf/Spengler befassen sich „[...] Leitbilder [...] mit den langfristigen, globalen Zielen und den langfristig gültigen Prinzipien, Normen und Spielregeln einer Organisation, die ihre Lebens- und Entwicklungsfähigkeit sicherstellen sollen."[15]

Bleicher stellt das Leitbild explizit in den Kontext der Unternehmenspolitik und verknüpft es mit dem Begriff der Vision: „Aufgabe der Unternehmens-

---

[10] Vgl. Buber, R., Fasching, H.: 1999, S. 19.
[11] Vgl. Graf, P., Spengler, M.: 2008, S. 46.
[12] Vgl. Buber, R., Fasching, H.: 1999, S. 22.
[13] Ebenda: 1999, S. 23.
[14] Hunsdiek, D.: 1996, S. 8.
[15] Graf, P., Spengler, M.: 2008, S. 47.

politik ist es, die Vision des Unternehmers oder der obersten Führungskräfte auszudrücken, damit alle Mitarbeiter ‚an einem Strick' und ‚gemeinsam in eine Richtung ziehen'. Die Unternehmenspolitik ist die Gesamtheit von Unternehmensgrundsätzen, die in einem Leitbild festgehalten, oft aber auch mündlich wiedergegeben werden. Sie regeln das Verhalten in der Unternehmung und geben an, welcher unternehmerischen Vision, welchen Werten, Normen und Idealen die Unternehmung verpflichtet ist."[16]

Neubauer ergänzt die Vision um den Begriff der Mission. Bei einem Unternehmensleitbild handelt es sich aus seiner Sicht „[...] um die schriftliche Ausformulierung des Selbstverständnisses einer Organisation, ihrer Ziele (‚Vision') und ihrer Aufgaben (‚Mission'). Das Unternehmensleitbild wird [...] meist in Form von Unternehmens- bzw. Führungsgrundsätzen [...] konkretisiert."[17]

Neben diesen Definitionen wird sich dem Leitbild über die Zuweisung von Funktionalitäten oder durch Kategorisierungen und Perspektivbildungen genähert.

Neubauer nennt die Entwicklung einer Corporate Identity als eine wesentliche Funktion. Über die schriftliche Ausformulierung des Leitbildes wird demnach das Bewusstsein der Zusammengehörigkeit unterstützt.[18] Spengler/Graf unterstreichen dies mit der dem Leitbild zugeschriebenen Funktionalität der Integration, über die die „[...] Identifikation der Mitglieder und MitarbeiterInnen mit dem Unternehmen und mit ihrer Aufgabe [...]"[19] gefördert wird.

Die Bedeutung des Leitbildes für das strategisch ausgerichtete Zielsystem einer Unternehmung stellt Niedereichholz dar. So wird aus dem Leitbild die strategische Erfolgsposition (SEP) entwickelt, die wiederum Grundlage für die Zieldefinition mit quantifizierbaren Zielgrößen ist.[20] Die SEP selbst ist dabei ein wesentliches Differenzierungsmerkmal der Unternehmung im Markt.[21]

Schwarz betont den Aspekt eines generellen Appells, der sich über das Leitbild an mehrere oder ggf. eine Vielzahl von handelnden Personen oder Organisationen richtet. Auf diese Weise wird mit dem Unternehmensleitbild

---

[16] Bleicher, K.: 2004, S. 158.
[17] Neubauer, W.: 2003, S. 109.
[18] Vgl. ebenda: 2003, S. 109.
[19] Graf, P., Spengler, M.: 2008, S. 37.
[20] Vgl. Niedereichholz, Ch.: 1997 Bd.2, S. 198 f.
[21] Vgl. Fink, A., Siebe, A.: 2006, S. 103.

auch ein Konzept für die Umwelt der Organisation niedergelegt.[22] Das Leitbild vermittelt eine Legitimierung der Unternehmung im gesellschaftlichen Kontext. Diese Perspektive unterstreicht u. a. Böttcher, der den Zusammenhang von Grundwerten, Werten und Zielen einerseits im System Gesellschaft und andererseits im System Unternehmung untersucht. Gesellschaftliche Werte werden über die unterschiedlichen Anspruchsgruppen als deren Werteträger in die Organisation eingebracht und nehmen so Einfluss auf die kulturellen Wertvorstellungen und Grundwerte der Unternehmung.[23]

Fink/Siebe unterscheiden zwischen Unternehmensleitbild und Geschäftsleitbild. Ihrer Untersuchung zu Folge sind Unternehmensleitbilder häufig bei großen Konzernen zu finden. Unternehmensleitbilder verfolgen primär die Ziele der Kommunikation und Differenzierung und dienen dazu, bestimmte Wertvorstellungen zu vermitteln.[24] Das Geschäftsleitbild zeichnet demgegenüber ein „[...] dynamischeres Zukunftsbild, bei dem es vor allem um die Orientierung in einem komplexen Umfeld und damit verbundene Veränderungsbedarfe geht."[25]

Die angeführten Definitionen und die weiteren Annäherungen machen die Vielschichtigkeit des Begriffs Leitbild deutlich. Folgende Merkmale sollen übergreifend herausgestellt werden:

- Ein Unternehmensleitbild ist ein schriftliches Dokument.

- Es wendet sich generell an die diversen Anspruchs- und Bezugsgruppen einer Organisation/einer Unternehmung im Innen- wie im Außenverhältnis.

- Das Unternehmensleitbild erfüllt unterschiedliche Funktionalitäten. Dazu zählen die Legitimation, die Orientierung, die Integration, die Kommunikation, die Differenzierung und die strategische Ausrichtung.

- Es dient grundsätzlich der Sicherung der Lebens- und Entwicklungsfähigkeit des Unternehmens.

- Es steht in einem direkten Zusammenhang zu Anpassungs- und Veränderungsprozessen der Organisation.

- Wesentlicher Bestandteil des Leitbildes sind die Werte und Grundauffassungen der Organisation/des Unternehmens.

---

[22] Vgl. Schwarz, P.: 1996, S. 456 in: Buber, R., Fasching, H.: 1999, S. 21.
[23] Vgl. Böttcher, Th.: 2002, S. 55.
[24] Vgl. Fink, A., Siebe, A.: 2006, S. 104 f.
[25] Ebenda: 2006, S. 105.

- Das Leitbild ist auf die Zukunft gerichtet.
- Es stellt die Eckpunkte von Vision, Mission, genereller Unternehmenspolitik, Strategie und Organisationskultur dar und ist Ausgangspunkt und/oder Bestandteil der Strategieentwicklung und -umsetzung.

Diese Zusammenfassung verdeutlicht den komplexen Anspruch an Leitbilder. Auch wird deutlich, dass Leitbilder dabei unterschiedliche Schwerpunkte setzen.

So sind sie z. B. „[...] eher inhaltlich strategisch oder intern kulturell orientiert."[26]

Diese beiden Schwerpunktsetzungen fokussieren einerseits den Aspekt des Managements (inhaltlich strategisch) und andererseits den der Organisation (intern kulturell).

Der Blick auf die Organisation betont dabei im Besonderen genannte Teilaspekte wie Werte, Normen, Verhalten, Integration oder Identifikation. Der Blick auf das Management stellt das Leitbild stärker in den Zusammenhang von Vision, Mission, Unternehmenspolitik, Zielsystem und Strategie. Daneben lässt sich aus den Bestimmungen der Bezug zu Umwelt und Gesellschaft ableiten. Die in Tabelle 1 dargestellte semantische Analyse verdeutlicht die Zuordnungen.

Organisation	Management
kulturell orientiert	inhaltlich strategisch orientiert
(Grund-)Werte, Normen, Verhalten, Prinzipien, Spielregeln, Ideale, Integration, Identifikation	Vision, Mission, Ziele, Unternehmenspolitik, Systeme, Soll-Vorgaben, SEP, Differenzierung
Umwelt/Gesellschaft	
Legitimation, genereller Appell, Anpassung/Veränderung, Überlebens- und Entwicklungsfähigkeit	

Tab. 1: Semantische Analyse zu Leitbildbestimmungen
Quelle: Eigene Darstellung

---

[26] Eschenbach, R., Horak, Ch.: 2003, S. 16.

Organisationskultur und Managementsystem erweisen sich als grundlegende Bezugsrahmen für die Entwicklung von Leitbildern. Daher soll im Folgenden zunächst der Aspekt Organisationskultur vertieft dargestellt werden. Anschließend wird ein Konzept erläutert, dass die Organisationskultur in einen umfassenden Managementrahmen integriert.

2.2 Organisationskultur

Innerhalb der Sozialwissenschaften gilt Kultur als eines der am häufigsten verwendeten Wörter.[27] Kroeber/Kluckhohn haben bereits 1952 in einer Meta-Analyse insgesamt 164 Definitionen für Kultur zusammengestellt und dabei sechs Gruppen von Herangehensweisen zur Beschreibung unterschieden: deskriptiv, historisch, normativ, psychologisch, strukturell und genetisch. Als Ergebnis ihrer umfassenden Analyse definieren sie:

„Kultur besteht aus expliziten und impliziten Mustern von und für Verhaltensweisen, die durch Symbole erworben und vermittelt werden; sie stellen eine unverwechselbare Leistung von menschlichen Gruppen dar, einschließlich ihrer Verkörperungen in Schöpfungen von Menschenhand; der wesentlich Kern von Kultur besteht aus traditionellen (d. h. historischen abgeleiteten und ausgewählten) Ideen und insbesondere aus den zugeordneten Werten; ein Kultursystem kann einerseits als Ergebnis von Handlungen, andererseits als bedingende Elemente von zukünftigen Handlungen aufgefasst werden."[28]

Die Theoretiker der Organisationsforschung beschreiben Kultur im Wesentlichen auf der Basis zweier unterschiedlicher Grundannahmen. Der Variablen-Ansatz definiert „[...] eine Organisation als soziokulturelles System, bei dem Organisationskultur [...] eine relevante Variable neben anderen Variablen [...]"[29] ist. Dagegen betrachten Metaphernansätze Organisationen „[...] als Kulturen, die jeweils besondere Lebenswelten für die Mitglieder darstellen und die nur aus Sicht der Mitarbeiter verstanden und interpretiert werden können."[30] Die darauf fußenden Modelle unterscheiden sich im Wesentlichen in der Hypothese, dass das Verständnis als Variable eine Beeinflussung der Organisationskultur eher zulässt als Modelle der Metaphernansätze. Die Theoretiker der Metaphernansätze verfolgen demnach eher erkenntnistheoretische Absichten in der deskriptiven Beobachtung während

---

[27] Vgl. Neubauer, W.: 2003, S. 15.
[28] Kroebert, A.L., Kluckhohn, F.: 1952, S. 357 zitiert aus: Neubauer, W.: 2003, S. 16.
[29] Neubauer, W.: 2003, S. 19.
[30] Ebenda: 2003, S. 20.

die Theoretiker der Variablenansätze praktische Lösungs- und Gestaltungsoptionen zu eröffnen suchen.

Anders dargestellt, aber in der Wirkungsweise vergleichbar, grenzt die Forschung zur Unternehmenskultur zwei unterschiedliche Strömungen voneinander ab. Die funktionalistische Perspektive untersucht die Unternehmenskultur unter der Fragestellung des Leistungsbeitrages. Annahme hierbei ist analog zum Variablen-Ansatz, dass Systeme Kulturen entwickeln, um konkrete Probleme zu lösen. Typische Problemstellungen dabei sind die Aspekte der Integration, der Identifikation bzw. allgemein die Verringerung von Unsicherheiten und Ambiguität.[31] Der symbolische Ansatz geht von der Hypothese aus, dass Unternehmenskulturen als Weltbilder und kollektive Orientierungsmuster konstruiert werden, mit denen sich Unternehmensmitglieder die Umwelt erschließen. „Die organisatorische Welt entfaltet sich vor dem Hintergrund einer symbolischen Konstruktion."[32] Kultur wird als Fundament organisatorischen Handelns aufgefasst. Die Erfassung dieser Kulturen erscheint bei der Vielzahl an möglichen individuellen und zumeist auch unbewussten Konstruktionen ebenso schwierig wie ggf. deren Beeinflussung.

Im Folgenden werden Modelle bzw. theoretische Ansätze erläutert, die grundlegend für das Verständnis von Organisationskulturen sind und jeweils auch deren Veränderbarkeit begründen und/oder die Bedingungen dafür aufzeigen.

2.2.1 ‚Weiche' und ‚harte' Faktoren – das 7 S-Konzept von Peters und Waterman

Das Sieben-S-Konzept wurde Anfang der 1980er Jahre entwickelt und „[...] erhebt den Anspruch, als Erklärungs- und Gestaltungsansatz besonders erfolgreicher Unternehmen dienen zu können."[33] Als Ergebnis einer zweistufigen Untersuchung, bestehend aus zunächst einer dezidierten Befragung von Führungspersönlichkeiten in als besonders erfolgreich identifizierten Unternehmen weltweit und im zweiten Schritt einer Analyse der bis dato vorliegenden wissenschaftlichen Ansätze[34] leiteten die Entwickler des Modells – Thomas J. Peters und Robert H. Waterman jr. – die Erkenntnis ab, dass „[...] es [...] weiche (Fähigkeiten, Personal, Führungsstil) und harte Erfolgskriterien (Strategie, Struktur, Systeme) für Unternehmen [gibt], alle sind unterei-

---

[31] Vgl. Steinmann, H., Schreyögg, G.: 2005, S. 710 f.
[32] Ebenda: 2005, S. 711.
[33] Heuermann, R., Herrmann, F.: 2003, S. 194.
[34] Vgl. Neubauer, W.: 2003, S. 49 f.

nander und über die gemeinsamen Werte miteinander vernetzt."³⁵ Sie kennzeichneten diese sieben Elemente pragmatisch mit den Alliterationen von structure (Struktur der Organisation), systems (Systeme der Planung, Steuerung und Kontrolle), style (Stil/Führungsstil), staff (Stammpersonal), skills (Spezialkenntnisse/Qualifikationen), strategy (Strategie), shared values (Selbstverständnis/gemeinsame Werte). Das Modell ist als der in Abbildung 1 dargestellte ‚McKinsey 7-S Framework' bekannt geworden.

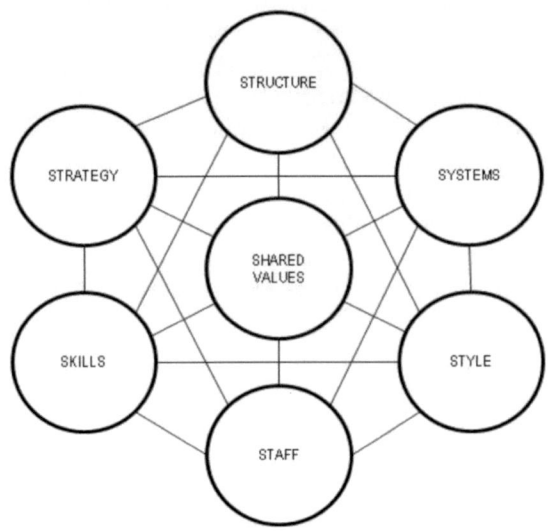

Abb. 1: *McKinsey 7-S Framework*
Quelle: *eigene Darstellung nach Peters, Waterman: 2006, S.10.*

Auch wenn das Modell in der Verwendung nicht sauber voneinander abgegrenzter Begriffe und dem Fehlen von wichtigen Faktoren wie z. B. Finanzen, Marketing oder Technologie deutlich umstritten ist³⁶, hat es eine nicht unerhebliche Relevanz in den übergreifenden Kernaussagen:

„1. Die weichen Faktoren sind für den Erfolg des Unternehmens genauso wichtig oder sogar noch wichtiger als die harten Faktoren. 2. Auch die weichen Faktoren können durch Führungsmaßnahmen gesteuert werden."³⁷

---

[35] Heuermann, R., Herrmann, F.: 2003, S. 194.
[36] Vgl. Heuermann, R., Herrmann, F.: 2003, S. 195.
[37] Neubauer, W.: 2003, S. 52.

Peters/Waterman stellen fest: „In retrospect, what our framework has really done is to remind the world of professional managers that, soft is hard'."[38] Mit diesen Feststellungen gelang es den Autoren nachhaltig, die Unternehmenskultur als einen zentralen Einflussfaktor auf den Unternehmenserfolg zu identifizieren und damit ihre Bedeutung auch für die Forschung, besonders aber für die Praxis der Unternehmensberatung zu unterstreichen. Die Erkenntnisse und die pragmatische Gliederung in die sieben Faktoren geben für die Entwicklung von Leitbildern eine praktische Grundlage, reichen aber nicht aus, um die Wirkmechanismen und das Zusammenspiel der 7 S zu erklären.

Eine differenziertere Sichtweise liefert der Ansatz von Edgar H. Schein, der als Sozialpsychologe mit seinem Modell der Kultur-Ebenen „[...] die oberflächliche Analyse [...] verlässt [...] und versucht, mit psychologischen Konstrukten der Komplexität des Phänomens [Organisationskultur] gerecht zu werden."[39] Sein Modell wurde u. a. von Hatch weiter entwickelt und gilt als Grundlagenmodell in Forschung und Praxis für das Verständnis und die Analyse von Unternehmenskulturen. Im Folgenden werden die Modelle dargestellt.

2.2.2 Das Kultur-Ebenen-Modell von Schein und das Prozessmodell der Kultur von Hatch

Schein bezeichnet Kultur als eine Gruppeneigenschaft, die sich in gemeinsamen Erfahrungen entwickelt. Kulturen gibt es demnach sowohl in Teams, Arbeitsgruppen, Abteilungen, funktionsgebundenen Gruppen, strukturellen Einheiten, auf allen Ebenen der Hierarchie, auf der Ebene des Gesamtunternehmens ebenso wie in lokalen, regionalen oder nationalen und internationalen Einheiten. Schlüssel zur Dechiffrierung von kulturellen Ausprägungen sind nach Schein die gemeinsamen Erfahrungen und Traditionen. Individuelle Überzeugungen, Werte und Verhaltensweisen sind oft nur im Kontext der kulturellen Identitäten verständlich. „Kultur ist wichtig, denn die starken, latenten und oft unbewussten kulturellen Kräfte bestimmen, individuell wie kollektiv, Verhalten, Denkmuster und Werte. Unternehmenskultur ist wichtig, weil kulturelle Elemente Strategien, Ziele und Funktionsweisen bestimmen."[40]

---

[38] Peters, T. J., Waterman, R.H.: 2006, S. 11
[39] Neubauer, W.: 2003, S. 56.
[40] Schein, E.H.: 2003, S. 29.

Wie in Abbildung 2 veranschaulicht unterscheidet Schein nach dem Grad der Sichtbarkeit eines kulturellen Phänomens drei mit einander korrespondierende Ebenen. Die sichtbarste, oberste Ebene stellen die so genannten *Artefakte*, die gut erkennbaren Organisationsstrukturen und -prozesse dar. Auf der mittleren Ebene stehen die *öffentlich propagierten Werte* in Form von Strategien, Zielen, Philosophien. Die unterste Schicht bilden die *grundlegenden unausgesprochenen Annahmen* als unbewusste, für selbstverständlich gehaltene Überzeugungen, Wahrnehmungen, Gedanken und Gefühle. Sie bilden letztlich die Quelle der Werte und des Handelns.[41]

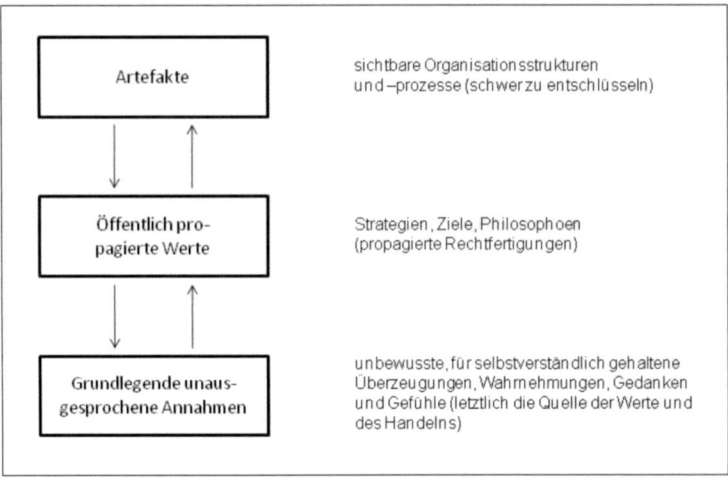

Abb. 2: *Die drei Ebenen der Unternehmenskultur nach Schein*

Quelle: Eigene Darstellung nach Schein: 2003, S. 31.

Die Artefakte der ersten Ebene sind zwar leicht beobachtbar. Allerdings sind sie für sich genommen nur schwer zu entschlüsseln. Ohne eine mit den tieferen Schichten rückgekoppelte Betrachtung bleiben sie mehrdeutig. Sie spiegeln auch nicht zwangsläufig Grundannahmen oder Werte wider. Eine Analyse der bekundeten Werte, Normen und Regeln führt dagegen eher zu einer zuverlässigen Beschreibung der Unternehmenskultur.

Als Leitlinien (niedergelegt bspw. in einem Leitbild) dienen sie der Orientierung im Verhalten. Allerdings besteht auch hier die Problematik, dass Widersprüche in sich oder zum tatsächlichen Verhalten sowie ggf. eine fehlende strukturelle Logik zu nicht eindeutigen Ergebnissen führen. Letztlich ist also die Ebene der Grundannahmen von entscheidender Bedeutung. Grundan-

---

[41] Vgl. ebenda: 2003, S. 31.

nahmen sind nach Schein in sich selbstverständlich, in der Regel unbewusst und werden nicht in Frage gestellt.[42]

Schein stellt für die Analyse den beschriebenen Ebenen drei Fragenkomplexe gegenüber. Der erste Komplex bezieht sich auf Fragen des äußeren Überlebens. Hinterfragt werden Mission, Strategie und Ziele sowie die Mittel der Umsetzung und Messung wie Struktur, Systeme, Prozesse und Systeme zur Aufdeckung und Korrektur von Fehlern. Im Zentrum stehen also besonders Aspekte der generellen Legitimation im Innen- wie im Außenverhältnis. Der zweite Komplex bezieht sich auf Fragen der internen Integration. Hier geht es um die Analyse von Gemeinsamkeiten in der Sprache und von Konzepten, von Gruppengrenzen und Identität, von Charakter, Autorität und Beziehung sowie von Belohnungszuweisung und Status. Der dritte Fragenkomplex zielt auf die zugrundeliegenden tieferen Annahmen. Sie betreffen das Verhältnis zu Realität und Wahrheit, zum Wesen des Menschen, zu menschlichen Beziehungen und zu Zeit und Raum.[43]

Die Beeinflussung von Kulturen erscheint komplex und wenn überhaupt möglich, dann nur über einen langfristigen Prozess erreichbar. Dies wird durch drei markante Merkmale nach Schein begründet:

Kultur ist tief – sie kann nicht nur auf der Oberfläche analysiert und/oder verändert werden. Kultur ist breit – Gruppen, die lernen, in ihrem Umfeld zu überleben, lernen etwas über alle Aspekte der äußeren und inneren Beziehungen. Kultur ist stabil – Mitglieder von Gruppen haben das Bestreben, an ihren kulturellen Annahmen festzuhalten, weil Kultur Sinn stiftet und für Berechenbarkeit sorgt.[44]

Für den Versuch einer Veränderung unterscheidet er zwischen *primären Verankerungsmechanismen* und *sekundären Artikulations- und Veränderungsmechanismen*. Zu den primären zählen: „[...] Aufmerksamkeitslenkung und Reaktionen der Führungskräfte auf bestimmte Ereignisse, Vorbildfunktion der Führungskräfte, Kriterien für die Zuteilung von Belohnungen und Rängen sowie Kriterien für Rekrutierung und Personalauswahl. Sekundäre Mechanismen sind Organisationsstruktur, Systeme und Prozesse der Organisation, Ausgestaltung der physikalischen Umwelt, Mythen über Personen und Ereignisse sowie die Unternehmensleitsätze."[45]

Sekundäre Mechanismen tragen nur dann zur Unternehmenskultur bei, wenn sie kongruent zu den primären Mechanismen sind. Somit gilt für die

---

[42] Vgl. Neubauer, W.: 2003, S. 62 ff.
[43] Vgl. Schein, E.H.: 2003, S. 45.
[44] Vgl. ebenda: 2003, S. 40 f.
[45] Neubauer, W.: 2003, S. 65.

Entwicklung von Unternehmensleitsätzen, dass sie zwingend die primären Mechanismen berücksichtigen müssen, um nicht ignoriert zu werden. Für die Beratung heißt dies, dass es erforderlich ist, die Leitbildentwicklung nicht ausschließlich an einen gewünschten Sollzustand zu orientieren, sondern sie im Besonderen für alle Beteiligten anschlussfähig an die Ist-Situation zu gestalten. Darüber hinaus wird deutlich, dass im Wesentlichen die Führung und die damit verbundenen Systeme und Instrumente auf die Leitlinien auszurichten sind. Der Beratungsprozess der Entwicklung von Leitlinien wird besonders dann ein längerer Prozess des Wandels für die Unternehmung sein, wenn zwischen der Ist- und der Sollsituation Differenzen bzw. Inkongruenzen bestehen.

Das Modell von Schein wurde durch das *Prozessmodell der Kultur* von Hatch weiterentwickelt. Schein stellt die von ihm identifizierten Ebenen in einen sich bedingenden Kontext, macht aber wenig Aussagen über die Verbindungen zwischen den Elementen. Hatch fasst diese Beziehungen als Transformationsprozesse auf, ergänzt das Modell um den Begriff der *Symbole* und analysiert die gegenseitigen Wechselbeziehungen der nunmehr vier Elemente.[46]

Den Transaktionsprozess zwischen Werten und Annahmen benennt Hatch *Manifestation*. Entweder werden aus Grundannahmen Werte gebildet (proaktive Manifestation) oder Annahmen werden durch Werte bestätigt oder verändert (retroaktive Manifestation). Die Beziehung zwischen Werten und Artefakte heißt *Realisation*. Werden Werte in Handlungen umgesetzt, so gilt dies als proaktive Realisation. Haben Handlungen Rückwirkungen auf Werte, so sind dies retroaktive Realisationen. Mit der *Symbolisation* werden Artefakte/sichtbare Handlungen mit solchen Inhalten versehen, die über ihre gegenständliche Bedeutung hinausgehen. Hier werden bewusst oder unbewusst Artefakte mit abstrakteren Konzepten und Sinngebungen verknüpft (prospektive Symbolisation). Der umgekehrte Prozess der retrospektiven Symbolisation wiederum entsymbolisiert Artefakte. Schließlich stellt die *Interpretation* die Beziehung zwischen Symbolen und Annahmen dahingehend her, dass sie analog zur Symbolisation ebenfalls Bedeutungszuweisungen vornimmt. Während die Symbolisation die Genese des Symbols darstellt, ist die Interpretation die Rezeption des Symbols in Bezug auf die Grundannahmen.[47]

Dieses dynamische Modell von Hatch zeichnet einen Regelkreislauf zwischen den Elementen und unterstreicht über die Wechselwirkungen sowohl die

---

[46] Vgl. Neubauer, W.: 2003, S. 67 f.
[47] Vgl. ebenda: 2003, S. 68 ff.

Wesentlichkeit der Einzelelemente als auch die Bedingungen zu deren Gestaltung bzw. Veränderbarkeit.

Grundannahmen lösen bestimmte Erwartungen aus. Die Erwartungen beeinflussen die Wahrnehmung, Gedanken und Gefühle. Das auf diese Art und Weise bestimmte Erleben der Umwelt kann über die kognitive Verarbeitung zu normativen Überzeugungen und Werten führen. Aus Grundannahmen entstehen so Werte. Im umgekehrten Verhältnis beeinflussen Werte bestehende Annahmen. Dies geschieht entweder dadurch, dass Grundannahmen durch Werte bestätigt werden oder diese verändern. Neue Werte können nach Schein und Hatch nur dann nachhaltig eingeführt werden, wenn sie als erfolgreich erlebt werden[48] und über das Erfolgserleben Grundannahmen modifizieren. Handlungsregelungen werden nach dem Modell vornehmlich dann realisiert, wenn sie mit den vorhandenen Wertvorstellungen übereinstimmen. Umgekehrt haben Artefakte entweder einen bestätigenden oder einen kritischen Rückbezug auf Werte. Dieser steht im Kontext von Erwartungen, die an die allgemeine Weltsicht des Individuums geknüpft sind. Stellen Artefakte Werte in Frage oder bedrohen sie, werden sie entweder ignoriert bzw. eliminiert (Sabotage) oder sie werden akzeptiert. In letzterem Fall werden die Werte entsprechend angepasst und die Grundannahmen verändert. Artefakte erhalten Symbolcharakter durch eine über die rein gegenständliche/handlungsbezogene Bedeutung hinausgehende zusätzliche Bedeutungsgebung. Dieser Symbolcharakter kann über die Versachlichung auch entzogen werden. Der Vorgang der Bedeutungsgebung selbst wird über die Interpretation geleistet. Diese erfolgt ausschließlich wiederum auf der Basis der Grundannahmen, die die entsprechenden Deutungsmuster bestimmen. Abbildung 3 stellt diese dynamischen Beziehungen der vier Elemente untereinander im *Prozessmodell der Kultur* plastisch dar.

---

[48] Vgl. ebenda: 2003, S. 69.

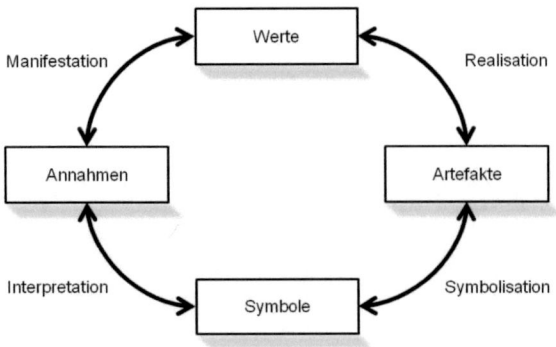

Abb. 3: *Prozessmodell der Kultur nach Hatch*
Quelle: eigene Darstellung nach Neubauer, 2003, S. 57.

Der Ansatz von Hatch erklärt, wie Leitbilder funktionieren bzw. wo sie ihre Grenzen haben. Als Artefakt identifiziert, wird ein Leitbild dann akzeptiert, wenn es mit den Wertvorstellungen der Adressaten übereinstimmt. Andernfalls wird es bestenfalls ignoriert. Ein Leitbild kann darüber hinaus auch einen symbolischen Charakter erhalten. Das Leitbild als eine rein symbolische Handlung, die nicht mit den Werten und Grundannahmen der Bezugsgruppen in Einklang steht, wird ggf. entsymbolisiert und/oder über bestimmte Zuweisungen von Bedeutungen als Bestätigung für bestehende Annahmen funktionalisiert. Beispielsweise ist davon auszugehen, dass ein durch das Management in ein Unternehmen eingeführtes Leitbild vor diesem Hintergrund seitens der Mitarbeiter einerseits ignoriert werden kann aber auch darüber hinaus als Bestätigung für mögliche (negative) Annahmen über das Management selbst angesehen wird.

Ein weiterer wesentlicher Aspekt ist die Feststellung, dass es in einem Unternehmen nicht nur eine Kultur sondern in der Regel eine Reihe von Kulturen nebeneinander gibt. Schein spricht in diesem Zusammenhang von *Subkulturen*. Dabei sind Subkulturen zunächst wertfrei einfach als gegeben zu betrachten. Das Nebeneinander verschiedener Kulturen ist ein Zeichen der Diversität des Unternehmens, die sich u. a. in unterschiedlichen Unternehmensfunktionen oder Unternehmensparten, aber auch in regionalen/internationalen Divisionen ausprägt und grundsätzlich als Stärke genutzt werden kann. „In any company, there will be strong variations in the behavior of different parts of the company. For example, different divisions will have different cultures to some extent, depending on the different requirements for success in their basic businesses."[49] Gleichwohl können Subkulturen Indizien für eine Kulturproblematik innerhalb des Unternehmens liefern. Deal/Kennedy nennen als mögliche Anzeichen für kulturelle Probleme:

- zwischen den bestehenden Kulturen bzw. zu einer Subkultur besteht ein mangelhafter Austausch
- eine Subkultur tritt in den Wettbewerb zur Unternehmung selbst
- eine Subkultur avanciert zu einem exklusiven Club
- die Werte der Subkultur sind gegenläufig zu den Werten der Unternehmung.[50]

Für den Beratungsprozess unabdingbar ist daher der Einbezug möglichst unterschiedlicher interner Perspektiven durch entsprechende Personen aus der Organisation. Als eine weitere Konsequenz postuliert Neubauer, dass „[...] nur jemand eine Kultur richtig verstehen (kann), der in dieser Kultur aufgewachsen ist oder längere Zeit ... darin lebt."[51]

Für die Beratung stellt sich die Frage, wie die Kultur einer Unternehmung praktisch und für den Beratungsprozess handhabbar erfasst werden kann. Ein probates Hilfsmittel der Beschreibung sind sogenannte Typologien. Sie können dabei unterstützen, die einzelnen Analyseelemente zu einer Gestalt zusammenzufügen. Grundlegende Kulturtypenmodelle sind die *Vier-Felder-Typologie* von Deal/Kennedy und das *Kreismodell konkurrierender Werte* von R. Quinn. Sie sollen im Folgenden näher betrachtet werden.

2.2.3 Die Vier-Felder-Typologie von Deal/Kennedy

Deal/Kennedy entwickelten auf der Grundlage empirischer Untersuchungen vier Kulturtypen, die im Besonderen durch ihre Anschlussfähigkeit bei Organisationsmitgliedern zu einer hohen Popularität gelangt sind.

(1) Die *Alles-oder-Nichts-Kultur* ist eine Welt von Individualisten in der Stars mit großen Ideen gefragt sind. Gefragt sind temporeiches Handeln und ein junges und eher unkonventionelles Erscheinungsbild. Die Sprache ist voll von neuen Wortschöpfungen. Neu Hinzukommende benötigen ein forsches Auftreten, um Aufmerksamkeit zu bekommen. Erfolge werden gefeiert, Misserfolge schonungslos offen gelegt. Aufstieg und Fall können extrem schnell gehen. Emotionen sind erlaubt –

---

[49] Deal. T.E., Kennedy, A.A.: 2000, S. 138.
[50] Vgl. ebenda: 2000, S. 138.
[51] Neubauer, W.: 2003, S. 71.

aber nicht solche des Schmerzes. Es herrscht Gleichberechtigung zwischen den Geschlechtern, ein Star ist ein Star.

(2) Die *Brot-und-Spiele-Kultur* stellt die Außenorientierung in den Vordergrund. Chancen sind zu Hauf gegeben, sie müssen nur genutzt werden. Das Auftreten ist freundlich und ansprechend. Intern ist die Zusammenarbeit unkompliziert, das Team steht an erster Stelle. Aktivität ist oberstes Primat. Leistungen werden gefeiert und prämiert. Geschichten handeln von schwierigen Kunden. Die Sprache ist knapp und voller Kürzel, Metaphern sind der Sportwelt entnommen.

(3) Die *Analytische-Projekt-Kultur* sieht sich durch Fehlentscheidungen stark bedroht. Das Hauptaugenmerk wird darauf gelegt, die richtigen Entscheidungen zu treffen. Die Bedrohung durch die Umwelt wird versucht durch Analysen und langfristige Prognosen in den Griff zu bekommen. Vertraut wird einer wissenschaftlich-technischen Rationalität. Sitzungen sind das Hauptritual, Hierarchien stark ausgeprägt. Der Blick ist weit nach vorne gerichtet, Sorgfalt steht vor Agilität. Seniorität ist ein hoher Wert und wird entsprechend honoriert – Blitzkarrieren sind ausgeschlossen. Sprache und Umgangsformen sind sehr höflich, die Kleidung ist korrekt und unauffällig.

(4) Die *Prozess-Kultur* konzentriert alles auf Abläufe wobei das Gesamtziel von weniger wichtiger Bedeutung ist. Perfektion und Diskretion sind höchste Werte, Fehler sind ausgeschlossen. Die Mitglieder der Organisation orientieren sich vornehmlich an Mustern des Misstrauens und der Absicherung. Die Zusammenarbeit wird bestimmt durch eine hierarchische Ordnung, die alle Erscheinungsformen von der Kleidung, dem Kreis der Kontakte, den Umgang, das Gehalt, die Privilegien bis hin zur Büroausstattung etc. bestimmt. Statussymbole stehen vor finanziellem Zugewinn. Nicht Feste sind wichtig, wohl aber Jubiläen wie die Betriebszugehörigkeit. Die Sprache ist korrekt, Emotionen stören."[52]

Die hier verkürzt dargestellten Beschreibungskategorien verwenden als Unterscheidungskriterien „[...] u. a. Entscheidungsstile, Art der Zusammenarbeit, Erfolgs- und Misserfolgsorientierung, Perfektionsstreben, Anreizsysteme."[53]

Deal/Kennedy stellen der Typologie eine Matrix entgegen, die auf der einen Achse das Marktrisiko und auf der anderen Achse den Grad der Rückmeldegeschwindigkeit durch die Organisation abträgt (siehe Abbildung 4). Dabei identifizieren sie weitere vier typisierte Kulturen: Die Spekulationskultur

---

[52] Vgl. Steinmann, H., Schreyögg, G.: 2005, S. 722.
[53] Neubauer, W.: 2003, S. 83.

(schnelle Rückmeldung/hohes Risiko), die Investitionskultur (langsame Rückmeldung/hohes Risiko), die Verkaufskultur (schnelle Rückmeldung/geringes Risiko) und die Verwaltungskultur (langsame Rückmeldung/niedriges Risiko).[54]

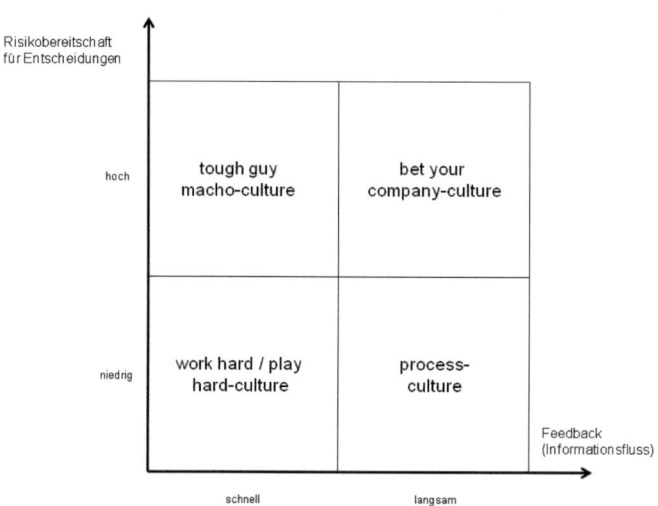

Abb. 4: Unternehmenskulturtypen nach Deal/Kennedy

Quelle: eigene Darstellung nach Kadlec, 2009, S. 35.

2.2.4 Das Kreismodell konkurrierender Werte nach Quinn

Ein weiteres grundlegendes Modell ist das von R. Quinn. Er sieht Unternehmenskultur als bedingt durch unterschiedliche Werte, die miteinander konkurrierend in der jeweiligen Ausprägung die Kultur charakterisieren.[55] Das *Kreismodell konkurrierender Werte* stellt dabei zwei Achsen heraus: Die eine Achse bezieht sich auf die Blickrichtung der Organisation, die entweder nach innen oder nach außen gerichtet sein kann. Die zweite Achse unterscheidet die Aspekte Flexibilität und Kontrolle. Die gekreuzten Polaritäten bilden im Kreis vier Quadranten, die nach Quinn vier Hauptmodelle der Organisationstheorie repräsentieren: „The human relations model, for example, stresses criteria such as those in the upper-left quadrant: cohesion and morale, along with human resource development. The open systems model stresses criteria such as those in the upper-right quadrant. These include flexibility and readiness as well as growth, resource acquisition, and external support. The

---

[54] Vgl. Neubauer: 2003, S. 82 f.
[55] Vgl. ebenda: 2003, S. 84 f.

19

rational goal model stresses the kind of criteria found in the lower-right quadrant, including planning and goal setting and productivity and efficiency. The internal process model is represented in the lower-left quadrant. It stresses information management and communication, along with stability and control."[56] Abbildung 5 stellt die vier genannten Modelle und die in den unterschiedlichen Kulturen vorherrschenden Wertedimensionen dar.

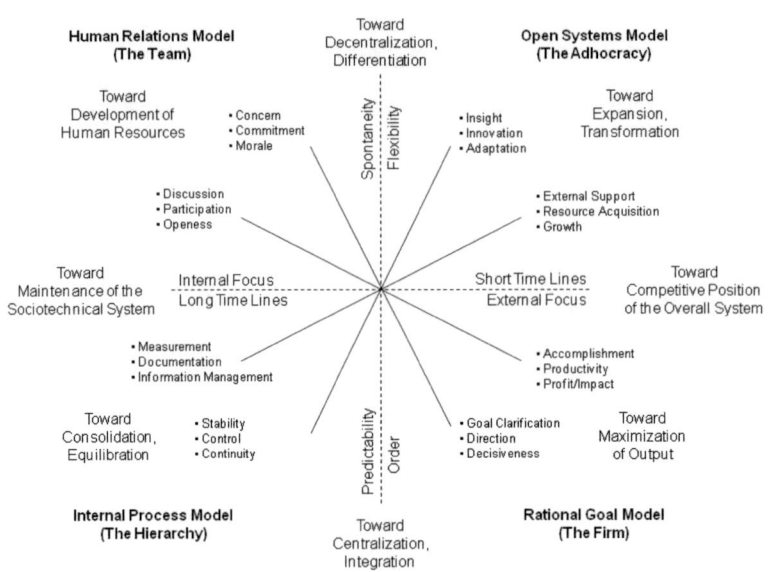

Abb. 5: Modell konkurrierender Werte nach Quinn

Quelle: Eigene Darstellung nach Quinn, 1988, S. 51.

In den Quadranten werden somit die Polaritäten Unterstützung vs. Ziel und Regeln vs. Innovation ergänzt. Die Kombination der Wertedimensionen ergibt vier kulturelle Orientierungen: Die *Unterstützungskultur* als Kombination aus Flexibilität und interner Orientierung, die *Innovationskultur* als Kombination aus Flexibilität und externer Orientierung, die *Regelungskultur* als Kombination aus Innensicht und Kontrolldimension sowie die *Zielkultur* als Kombination von externer Orientierung mit Kontrolldimension.

Partizipation, Kooperation, Vertrauen, Gruppenzusammenhalt und Selbstverwirklichung prägen die Unterstützungskultur. Information, Kreativität

---

[56] Quinn, R. E.: 1988, S. 47.

und Offenheit für neue Ideen und Veränderung kennzeichnen die Innovationskultur. Bei der Zielkultur stehen Rationalität, Führen durch Zielvereinbarung, die Betonung der Unternehmensziele und eine erfolgsabhängige Entlohnung im Vordergrund. Die Regelungskultur ist geprägt durch den Respekt vor Autoritäten, festen Prozeduren, Arbeitsteilung und Routine in den Arbeitsabläufen.

2.2.5 Ableitung relevanter Aussagen für den Prozess der Leitbildentwicklung

Zusammenfassend und für die weitere Arbeit und die Gestaltung eines Beratungsprozesses grundlegend werden folgende Feststellungen zum Aspekt Unternehmens-/Organisationskultur abgeleitet:

- Sogenannte weiche Faktoren sind für den Erfolg einer Unternehmung von entscheidender Bedeutung. Kulturelle Aspekte einer Unternehmung begründen individuell wie kollektiv das Verhalten, die Denkmuster und die Werte der Mitglieder der Organisation und haben damit unmittelbaren Einfluss auf Strategien, Systeme und Strukturen.

- Werte und Grundannahmen sind schwer und wenn, dann eher langfristig veränderbar.

- Beobachtbare/sichtbare kulturelle Ausgestaltungen einer Unternehmung lassen sich gut erfassen, sind aber für sich alleine nicht deutungsfähig.

- In Unternehmen existieren i. d. R. mehrere und unterschiedlich ausgeprägte Kulturen.

- Für die Leitbildentwicklung ist es unabdingbar möglichst unterschiedliche interne Perspektiven einzubeziehen.

- Unternehmensleitsätze (als schriftlich niedergelegtes Leitbild) zählen zu den sichtbaren Aspekten und beeinflussen wie Strukturen, Systeme, Prozesse, physikalische Umwelt sekundär die Unternehmenskultur. Sie haben nur dann Wirkung auf die Unternehmenskultur, wenn sie kongruent zu den primären durch Werte und Grundannahmen bestimmten Mechanismen sind.

- Leitbilder werden nur dann akzeptiert, wenn sie mit den Wertvorstellungen der Adressaten übereinstimmen.

- Kulturtypologien stellen jeweils grobe Vereinfachungen dar – das ist einerseits eine Schwäche, andererseits aber auch ihre Stärke. Denn trotz der Begrenztheit in der Aussagekraft gelingt es, eine Unternehmenskultur greifbar zu machen und zu einem kommunizierbaren Bild zu verdichten. Für den Beratungsprozess stellt sich allerdings in der Erhebung die Frage nach einer Quantifizierbarkeit und Objektivierung, da sie in der Regel als Interpretationen eine Zuspitzung darstellen und durchaus angreifbar bleiben.

- Für die Beratung ist es erforderlich, die Leitbildentwicklung nicht ausschließlich an einem gewünschten Sollzustand zu orientieren sondern sie im Besonderen für alle Beteiligten anschlussfähig an die Ist-Situation zu gestalten.

- Die Führung und die damit verbundenen Systeme und Instrumente müssen im Einklang mit den Leitlinien stehen.

- Der Beratungsprozess der Entwicklung von Leitlinien wird besonders dann ein längerer Prozess des Wandels für die Unternehmung sein, wenn zwischen der Ist- und der Sollsituation größere Differenzen bzw. Inkongruenzen bestehen.

Für die weitere Arbeit wird dem Verständnis von Organisationskultur von Neubauer gefolgt, der auf der Basis einer vergleichenden Analyse der unterschiedlichen theoretischen Ansätze und unter Berücksichtigung der divergierenden Grundannahmen Organisationskultur als „[...] die Gesamtheit gemeinsam geteilter Grundannahmen, Werthaltungen, Normen und Orientierungsmuster, die von Menschen in einer Organisation zur Bewältigung der Probleme der äußeren Anpassung und der inneren Integration entwickelt wurden und die sich nach gemeinsamer Überzeugung so bewährt haben, dass sie an neue Mitglieder weiterzugeben sind, damit diese in der richtigen Weise wahrnehmen, denken, fühlen und handeln [...]"[57] definiert.

Mit der Würdigung der Organisationskultur und im Besonderen der sie bestimmenden Elemente Werte und Normen konnten wesentliche Bestandteile der unter 2.1 erfolgten Annäherung an Leitbilder dargestellt werden. Weitere dort aufgeführte Aspekte sind u. a. die Unternehmensphilosophie, die Vision und Mission sowie die Strategie, die der Dimension Management zuzuordnen sind. Diese Dimension und der Zusammenhang zu Leitbildern werden im Folgenden näher dargestellt.

---

[57] Neubauer, W.: 2003, S. 22.

2.3 Managementkonzeption

Der Aspekt Leitbild als Teil einer Managementkonzeption soll vor dem Hintergrund des an der Universität St. Gallen entwickelten Managementkonzeptes betrachtet werden. „Ziel des St. Galler Management-Konzeptes ist es [...] einen gedanklichen Bezugsrahmen bereitzustellen, der es erlaubt, konkrete Managementaufgaben und -probleme integriert, d. h. in ihrer hohen Komplexität und Dynamik zu erfassen."[58]

Dieses Modell ist durch den integrativen Ansatz in besonderem Maße zur Einordnung des Leitbildes in die Führung und Steuerung eines Unternehmens geeignet.

2.3.1 Das St. Galler Management-Konzept

Das Modell (siehe Abbildung 6) grenzt insgesamt neun Problemfelder als Module voneinander ab und ordnet sie drei Managementebenen zu: Das normative Management mit den Modulen *Unternehmensverfassung, Unternehmenspolitik und Mission, Unternehmenskultur* bildet die oberste Ebene, das strategische Management mit den Modulen *Organisationsstruktur und Managementsysteme, Programme* und *Problemverhalten* die mittlere sowie das operative Management mit den Modulen *Organisatorische Prozesse und Dispositionssysteme, Aufträge* und *Leistungs- und Kooperationsverhalten* die unterste Ebene.

Vertikal bilden die Module Unternehmensverfassung, Organisationsstrukturen und Managementsysteme sowie Organisatorische Prozesse und Dispositionssysteme die Strukturen des Unternehmens ab. Die Module Unternehmenspolitik und Missionen, Programme und Aufträge zielen auf die Aktivitäten und die Module Unternehmenskultur, Problemverhalten und Leistungs- und Kooperationsverhalten bilden das Verhalten ab.[59]

---

[58] Pümpin, C., Prange, J.: 1991, S. 16.
[59] Vgl. Pümpin, C., Prange, J.: 1991, S. 17.

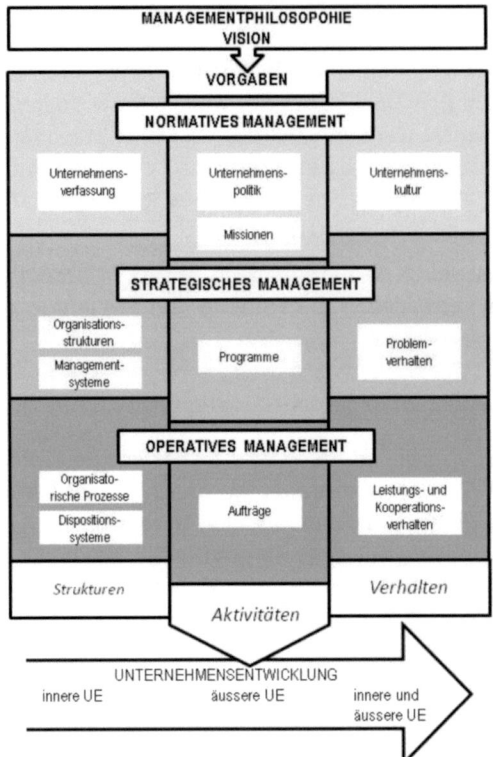

Abb. 6: Struktur des St. Galler Management-Konzepts nach Bleicher
Quelle: Eigene Darstellung nach Bleicher, 2004, S. 83.

Im Folgenden werden die einzelnen Ebenen und Module näher erläutert. Dabei werden im Besonderen die Interdependenzen gewürdigt und die Konsequenzen für eine Leitbildentwicklung aufgezeigt.

2.3.2 Das normative Management – Vision, Mission, Verfassung und Kultur

Das normative Management umfasst die generellen Ziele des Unternehmens sowie die Prinzipien, Normen und Spielregeln, die langfristig gelten sollen. Die drei zugewiesenen Module Unternehmensverfassung, Unternehmenspolitik und Unternehmenskultur „[...] kanalisieren mit je unterschiedlichem Ansatz Entscheidungen und Verhalten der Unternehmensangehörigen in eine längerfristig intendierte Entwicklungsrichtung."[60] Ausgangs-

---

[60] Pümpin, C., Prange, J.: 1991, S. 16.

punkt hierfür ist die unternehmerische Vision. Sie ist die „[...] generelle Leitidee, die in den verschiedenen Dimensionen des Normativen, Strategischen und Operativen zu konkretisieren ist."[61] Die Vision antizipiert eine denkbare zukünftige Situation. Sie hat dabei zwar szenarischen Charakter, unterscheidet sich von „[...] rational-synthetischen Trends, die in der Szenariotechnik zu alternativen Zukunftskonstellationen zusammengeführt werden"[62] dadurch, dass sie zumeist alternativlos und von höherer subjektiver Verbindlichkeit ist. Hinterhuber benennt drei Komponenten einer Vision:

- Offenheit als „das Erkennen der Möglichkeit einer Umweltveränderung, das Gefühl des Unbehagens, [...]."[63]
- Spontaneität als „[...] die Fähigkeit, verschiedene Blickpunkte einzunehmen [...]"[64], um so neu Voraussetzungen zu setzen und die Spielregeln zu verändern.
- Realitätssinn als die Eigenschaft, „[...] die Dinge so zu sehen, wie sie sind und nicht, wie sie in den Vorstellungen und Wünschen sein sollten."[65]

Bleicher ergänzt hierzu die Komponente

- Erfahrung, als der laufende Prozess des Messens der eigenen Vorstellungen an den Erfolgen und Misserfolgen ihrer Umsetzung in die Wirklichkeit

und fügt mit Bezug auf Magyar als fünfte Komponente die

- Kreativität als „[...] vielleicht das entscheidende Merkmal einer unternehmerischen Vision [...]"[66] hinzu.

Visionen erfüllen nach Bleicher im Wesentlichen drei Funktionen:

- Fokussierung der Unternehmung in Bezug zum Wettbewerbsumfeld.
- Legitimationsfunktion der Unternehmung im Bezug zur Gesellschaft.
- Identifikations- und Motivationsfunktion der Unternehmung im Bezug zu ihren Mitarbeitern.[67]

---

[61] Bleicher, K.: 2004, S. 105.
[62] Ebenda: 2004, S. 106.
[63] Hinterhuber, H. H.: 2004, S. 76.
[64] Ebenda: 2004, S. 77.
[65] Ebenda: 2004, S. 77.
[66] Bleicher, K.: 2004, S. 107.

Müller-Stewens/Lechner unterscheiden vier Kategorien von Unternehmensvisionen:

- „Zielfokussierte Visionen geben genau an, wann der zukünftige Zustand erreicht ist. Entweder quantitativ oder qualitativ definieren sie die anzustrebende Wirklichkeit [...]
- Feindfokussierte Visionen zielen darauf ab, einen Konkurrenten zu übertreffen. Oft werden sie in Form ‚David gegen Goliath' formuliert, in dem Sinn, dass ein kleines, noch unbedeutendes Unternehmen gegen einen dominanten Marktspieler antritt [...]
- Rollenfokussierte Visionen hingegen sind nicht martialisch, sondern betonen den Vorbildcharakter herausragender Unternehmen. Sie eignen sich besonders für rasch aufstrebende Firmen, die sich die jeweiligen Rollenanforderungen zu Leitlinien machen [...]
- Wandelfokussierte Visionen werden besonders von älteren und großen Unternehmen verwendet, die sich fundamentalen Transformationsprozessen unterziehen [...]"[68]
- Bleicher stellt folgende Wirkungen von Visionen auf das Individuum heraus[69]:
- Stärkung der eigenen Handlungsmotivation
- Veränderung der individuellen Wahrnehmung
- Wandel des Verständnisses von Machbarem und Nicht-Machbarem
- Verbesserung der persönlichen Prioritätensetzung
- Erhöhung der Kreativität
- Steigerung der Fähigkeit, andere zu begeistern
- Visionen wirken wie selbsterfüllende Prophezeiungen

Häufig austauschbar mit dem Begriff der Vision wird der Begriff Mission verwendet. Gleichwohl erscheint es sinnvoll, die Begrifflichkeiten voneinander abzugrenzen. So muss eine Mission – anders als eine Vision – nicht notwendigerweise von einer ‚besseren' Zukunft ausgehen. Sie kann sich explizit auf die Gegenwart und auf als wesentlich erachtete Aufgaben erstrecken.[70] So verstanden unterliegen Visionen durchaus einem Verfallsdatum und müs-

---

[67] Vgl.: Bleicher, K.: 2004, S. 107 f.
[68] Müller-Stewens, G., Lechner, C.: 2001, S. 175.
[69] Vgl.: Bleicher, K.: 2004, S. 115.
[70] Vgl.: Müller-Stewens, G., Lechner, C.: 2001, S. 175.

sen ggf. erneuert werden. Missionen dagegen können „[...] über die Jahre unverändert bleiben, wenn sie beispielsweise auf sich nur wenig verändernde Grundbedürfnisse ausgerichtet sind."[71]

Die Corporate Mission, auch policies genannt[72], als Ausdruck der Unternehmenspolitik enthalten „[...] Festlegungen bezüglich der Zwecke, welche das Unternehmen in seiner Umwelt erfüllen will, sowie zu den Nutzenpotentialen [sic], die im Rahmen dieser Zweckerfüllung erschlossen werden sollen."[73] Nutzenpotenziale werden dabei nach Pümpin „[...] als eine in der Umwelt, im Markt oder im Unternehmen selbst vorhandene Konstellation, die durch Aktivitäten des Unternehmens zum Vorteil seiner Bezugsgruppen erschlossen werden [...]"[74] definiert. Nutzenpotenziale richten sich nach außen wie nach innen und finden sich in allen Funktionsbereichen einer Unternehmung. Die Festlegungen der Unternehmenspolitik beschränken sich auf das Wesentliche und beziehen sich auf das Unternehmen als Ganzes. Die zentralen Fragen sind die nach der Motivation zum Betrieb der Unternehmung, nach den Kundenproblemen, die gelöst werden sollen, nach den Grundwerten, den Visionen und Leitbildern für das Unternehmen und der grundlegenden Geschäftsphilosophie.[75] Die Missionen vermitteln eine generelle Zielrichtung und eine Grundorientierung für das strategische und operative Management[76] und sind auf die Aktivitäten der Unternehmung hin orientiert. Dimensionen der Zielausrichtungen sind: Anspruchsgruppen (monistisch ökonomische vs. pluralistisch gesellschaftliche sowie kurzfristige vs. langfristige Perspektive), Entwicklungsorientierung (Chancen-, Risikoperspektive), ökonomische (Ausrichtungen an sachlichen Leistungs- bzw. finanziellen Wertzielen) und gesellschaftliche Zielausrichtung (Ausrichtung an ökologischen bzw. an sozialen Zielen).[77]

Die Unternehmensverfassung als strukturierendes Modul der normativen Managementebene umfasst alle rechtlich bindenden Bestimmungen sowohl zum Innenverhältnis der obersten Unternehmensorgane als auch zum Verhältnis des Unternehmens nach außen. Dazu zählen die Rechtsform, die rechtlichen Voraussetzungen und die Organverfassung.

---

[71] Müller-Stewens, G., Lechner, C.: 2001, S. 176.
[72] Vgl.: Bleicher, K.: 2004, S. 169.
[73] Pümpin, C., Prange, J.: 1991, S. 16.
[74] Ebenda: 1991, S. 35.
[75] Vgl · Bleicher, K.: 2004, S. 120.
[76] Vgl.: ebenda: 2004, S. 169.
[77] Vgl.: ebenda: 2004, S. 171.

Die Unternehmenskultur als drittes und auf das Verhalten ausgerichtetes Modul der normativen Managementebene wurde bereits ausführlich beschrieben. Im Modell wird sie als „[...] die in einem Unternehmen vorherrschenden allgemeinen Grundwerte, Normen und Denkhaltungen, die sich in einem langjährigen Lernprozess herauskristallisiert haben [...]"[78] verstanden. Die Unternehmenspolitik wird somit „[...] getragen von jeweils einem ‚harten' Gestaltungsaspekt in Form der Unternehmensverfassung [...] und einem ‚weichen' Entwicklungsaspekt in Form der Unternehmenskultur [...]"[79]

Zentrale Zielsetzung des normativen Managements ist es, die Lebens- und Entwicklungsfähigkeit des Unternehmens in seiner Gesamtheit zu sichern. „Lebensfähigkeit bedeutet dabei die Befähigung, dauerhaft eine Existenz als selbständige Einheit mit eigener Identität zu wahren. Entwicklungsfähigkeit wird definiert als die Befähigung des Unternehmens zur grundlegenden, geplanten Selbsttransformation mit dem Ziel, die Ansprüche seiner Bezugsgruppen – externer wie interner – in zunehmendem Masse [sic] zu befriedigen."[80]

Die generellen Zielsetzungen und Verhaltensanweisungen werden in unternehmenspolitischen Leitbildern dokumentiert.[81] Den Zusammenhang zwischen Unternehmenspolitik und Strategie in der Übersetzung durch Leitbilder stellt Hinterhuber prägnant in einem Schaubild dar (vgl. Abbildung 7):

---

[78] Pümpin, C., Prange, J.: 1991, S. 18
[79] Bleicher, K.: 2004, S. 157 f.
[80] Pümpin, C., Prange, J.: 1991, S. 18.
[81] Vgl.: Bleicher, K.: 2004, S. 431.

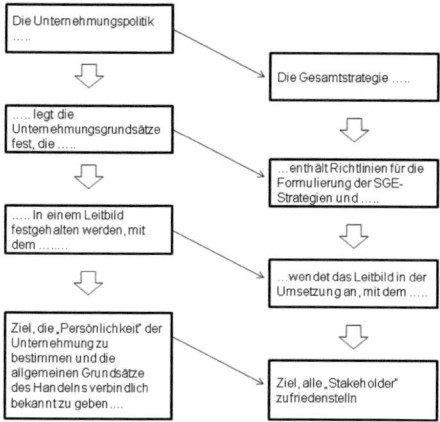

Abb. 7: Zusammenhang Unternehmenspolitik und Strategie nach Hinterhuber
Quelle: Eigene Darstellung nach Hinterhuber, 2004, S. 93.

2.3.3 Das strategische Management

Die zweite Ebene, die des strategischen Managements, zielt auf den Aufbau zukünftiger bzw. die Pflege und die Ausnutzung vorhandener Erfolgspositionen. Strategische Erfolgspositionen (SEP) bezeichnen dabei spezifische und wettbewerbsrelevante Fähigkeiten eines Unternehmens, „[...] die von der Konkurrenz im Markt nur schwierig und allenfalls über längerfristigen, massiven Mitteleinsatz kopiert werden können."[82] Die Strategiefindung wird dabei zum einen durch die grundsätzliche Gestaltung der Organisation und der Managementsysteme als auf die Struktur zielendes Modul sowie zum anderen durch das Modul des strategisch ausgerichteten Problemverhaltens geprägt. Ausdruck der Strategie sind die strategischen Programme. Strategische Programme, Organisationsstrukturen, Managementsysteme werden über strategische Programmpapiere, Leitbilder für die Gestaltung von Strukturen und Systeme ergänzt durch Personal- und Führungsgrundsätze für strategisches Problemverhalten kommuniziert.[83] Strategiepapiere sind dabei im Gegensatz zu unternehmenspolitischen Leitlinien durch einen hohen Grad der Konkretisierung einer Lagebeurteilung und der strategisch zu verfolgenden Absichten gekennzeichnet. Leitbilder zu Organisationsstrukturen und Managementsystemen dienen über die zu beachtenden Prinzipien der Orientierung der Mitarbeiter. Im Besonderen bei einer stärkeren Hinwen-

---

[82] Pümpin, C., Prange, J.: 1991, S. 19.
[83] Vgl. Bleicher, K.: 2004, S. 431.

dung zur Selbstorganisation wird über diese Leitbilder sichergestellt, dass gewisse einheitliche Grundsätze und Rahmenbedingungen eingehalten werden.[84] Schließlich verdichtet das Leitbild der Personal- und Führungsgrundsätze wesentliche Instrumente der Personalführung. Dazu zählen im Wesentlichen die Verantwortungsdelegation, die Mitarbeiterinformation und die Mitarbeitermotivation.[85] Das strategische Management zielt im Besonderen auf die Sicherung der Wettbewerbsfähigkeit. „Im Rahmen der übergeordneten normativen Vorgaben wirkt das strategische Management richtend auf die operativen Aktivitäten."[86]

2.3.4 Das operative Management

Die Umsetzung der normativen und strategischen Rahmenvorgaben erfolgt unter Berücksichtigung situativer Momente schließlich im operativen Management und wird hier in das Tagesgeschäft überführt. Die entscheidenden Zielgrößen für das operative Management sind Effizienz sowie Liquidität und Gewinn. In Hinblick auf die Strukturen sind die organisatorischen Prozesse sowie die Dispositionssysteme von Bedeutung. Aktivitäten drücken sich in Aufträgen respektive Projekten aus. Der Aspekt des Verhaltens manifestiert sich in der Fähigkeit und Bereitschaft zur Leistungserstellung und Kooperation. „Operatives Management ist im Kern auftragsbezogene lenkende, gestaltende und entwickelnde Willensbildung, -durchsetzung und -sicherung in Prozessen durch Projekte."[87]

Die im Modell in den jeweiligen Managementdimensionen identifizierten sechs Zielgrößen: Entwicklungs- und Lebensfähigkeit auf der Ebene des normativen Managements, zukünftige und bestehende SEPs auf der Ebene des strategischen Managements sowie Gewinn und Liquidität auf der Ebene des operativen Managements „[...] bilden ein miteinander vernetztes System [...]. Jede Zielgröße wird durch sämtliche höher gelegene Grössen [sic] wenn nicht determiniert, so doch in hohem Masse [sic] beeinflusst."[88] Ziele der verschiedenen Managementdimensionen können sich bei konkreten Aktivitäten dabei durchaus widersprechen. Konflikte zwischen operativen und strategischen Zielen treten bspw. bei der Vorgabe kurzfristiger Gewinnmaximierung auf, die i. d. R. einer für die mittel- bis langfristigen Wahrung

---

[84] Vgl. ebenda: 2004, S. 436.
[85] Vgl. ebenda: 2004, S. 441 f.
[86] Pümpin, C., Prange, J.: 1991, S. 19.
[87] Bleicher, K.: 2004, S. 451.
[88] Pümpin, C., Prange, J.: 1991, S. 20 .

der Wettbewerbsfähigkeit notwendige Investition widerspricht.[89] Abbildung 8 stellt die Zielgrößen den Managementdimensionen gegenüber.

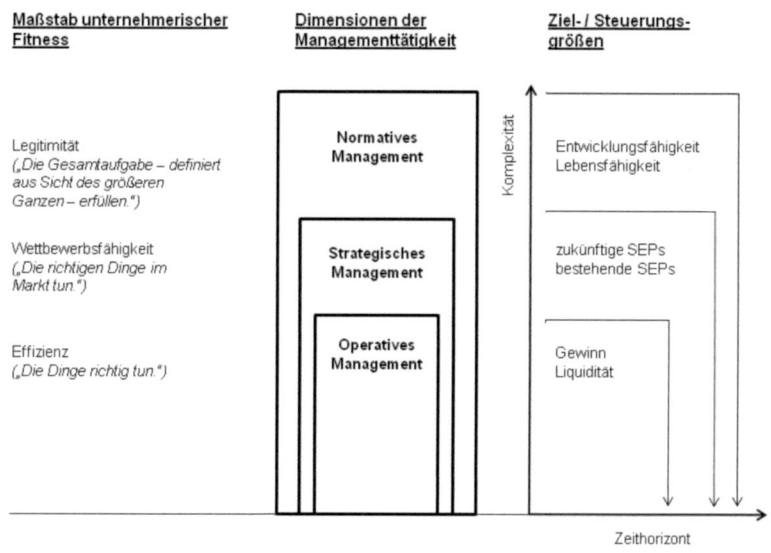

Abb. 8: *Zielgrößen und Maßstäbe in den Managementdimensionen nach Pümpin*
Quelle: Eigene Darstellung nach Pümpin, 1991, S. 20.

2.3.5 Weiterentwicklung des Modells

Das Modell wurde in den letzten Jahren weiter entwickelt bzw. variiert. Dabei bilden die Unternehmensprozesse einen zunehmenden Schwerpunkt. Der VIP-Ansatz von P. Gomez beschreibt bspw. den Weg von der Vision zur Prozessorganisation und stellt die Wertorientierung in das Zentrum der Betrachtung. Dabei bilden die Elemente Vision, Spielregeln des Wettbewerbs, Kompetenzen, Strategien, Kernprozesse und Prozessorganisation einen Kreislauf, der auf die zentrale Fragestellung der Wertgenerierung und Wertsteigerung ausgerichtet ist.[90] Müller-Stewens/Lechner entwickelten den *General Management Navigator* (GMN), der ein integriertes Verständnis von Strategie- und Wandelarbeit ermöglicht. Auf der Basis des GMN werden fünf zentrale Arbeitsinhalte für das strategische Management herausgearbeitet: Wie wollen wir das Unternehmen gegenüber seinen Anspruchsgruppen positionieren? Wie wollen wir strategische Initiativen und/oder ihren Kontext ge-

---

[89] Vgl. ebenda: 1991, S. 21 f.
[90] Vgl. Spicker, J.: 2010, S. 4.

stalten? Wie wollen wir die Wertschöpfung des Unternehmens gestalten? Wie wollen wir strategische Initiativen wirksam werden lassen und das Unternehmen verändern? Wie wollen wir die strategischen Initiativen des Unternehmens beobachten und beurteilen?[91]

Diese Fragestellungen sind als leitende Fragen in ihrer Beantwortung Teil einer Leitbilderarbeitung.

2.3.6 Ableitung relevanter Aussagen für den Prozess der Leitbildentwicklung

Zusammenfassend lassen sich folgende Kernaussagen zu Leitbildern ableiten:

- Leitbilder können auf unterschiedlichen Ebenen des Managements verfasst werden. Folglich gibt es ‚das eine' Leitbild nicht. Vielmehr ist die Ausgestaltung eines Leitbildes auch abhängig von der Zielsetzung der jeweiligen Managementebene, auf der es entwickelt wird bzw. für die es wirksam werden soll.

- Ausgangspunkt für das Leitbild ist die unternehmerische Vision als generelle Leitidee.

- Visionen können dabei unterschiedlich fokussiert sein, abhängig u. a. vom Lebenszyklus oder der Konkurrenzstellung des Unternehmens im Markt. Leitbilder als Folgeleistung der Vision sind in diesem Sinne per se eher situativ gestaltet und erfordern eine laufende Anpassung im Entwicklungsprozess.

- Unternehmensvisionen haben Wirkung auf die Mitglieder ebenso wie auf die unterschiedlichen Bezugs- und Anspruchsgruppen der Organisation. So verstanden sind sie als ‚Polarstern'[92] zu formulieren und zu kommunizieren.

- Die Missionen sind Festlegungen der Zwecke des Unternehmens und der Nutzenpotenziale, die das Unternehmen im Rahmen der Zweckerfüllung erschließen will. Sie sind Ausdruck der von der Vision getragenen Unternehmenspolitik und vermitteln eine generelle Zielrichtung und Grundorientierung. Im Gegensatz zum Leitbild sind die Missionen zeitbeständiger.

---

[91] Vgl. Müller-Stewens, G., Lechner, C.: S. 3.
[92] Vgl. Böttcher, T.: 2002, S. 56.

- Das unternehmenspolitische Leitbild dokumentiert in der normativen Dimension des Managements die generellen Zielsetzungen und Verhaltensanweisungen in Form der Missionen.
- Auf der Ebene des strategischen Managements werden Leitbilder für die Gestaltung von Strukturen und Systemen sowie als Personal- und Führungsgrundsätze vor dem Hintergrund der realistischen Einschätzung der Unternehmenssituation verfasst.

Hinterhuber macht deutlich, das Unternehmenspolitik nur dann als solche identifiziert werden kann, wenn sie durch konsequentes und zielbewusstes Handeln umgesetzt wird und „[...] wenn dieses konsequente und zielbewußte [sic] Handeln mit den Führungskräften und den Mitarbeitern abgestimmt und allen verbindlich bekannt gegeben wird. Dabei ist ein schlecht formuliertes, aber unternehmensintern erarbeitetes Leitbild einem noch so guten Leitbild vorzuziehen, das aber von einer anderen Unternehmung stammt oder von einem Berater vorgelegt wird und somit nicht authentisch ist."[93] Dem folgend gilt:

- Leitbilder sind unternehmensintern zu entwickeln.

2.4 Begriffsbestimmung ‚Leitbild'

Auf der Grundlage der Ausführungen in diesem Kapitel und für die weitere Arbeit leitend soll abschließend das Leitbild wie folgt definiert werden:

> *Das Leitbild ist ein schriftliches Dokument, das sich an die unterschiedlichen Bezugs- und Anspruchsgruppen eines Unternehmens bzw. einer Organisation wendet und dabei das Selbstverständnis der Unternehmung in Hinblick auf den Zweck, die Ziele und die Aufgaben des unternehmerischen Handelns darstellt sowie die das Handeln leitenden grundsätzlichen Werte und Überzeugungen niederlegt. Es belegt die Einzigartigkeit der Unternehmung, inspiriert und motiviert die Beteiligten, legitimiert das Handeln nach Innen und Außen, stiftet Identität, wirkt integrierend und gibt den Mitgliedern der Organisation Orientierung in der Routine ebenso wie in der Veränderung. Das Leitbild selbst ist Teil des Managementkonzeptes und leistet einen unmittelbaren Beitrag zur Erreichung der unternehmerischen Ziele. Es weist auf einen in der Zukunft liegenden Sollzustand, der für die Adressaten nachvollziehbar erreichbar ist hin und gibt eine realistische Einschätzung der Gegenwartssituation. Leitbilder entstehen in einem unternehmensinternen Prozess, der die Sichtweisen aller relevanter Anspruchs- und Bezugsgruppen – intern ebenso wie extern – berücksichtigt.*

---

[93] Hinterhuber, H.H.: 2004, S. 95.

3 Leitbildentwicklung

Die unter 2.4. entwickelte Definition und die dahinter stehenden Konstrukte und Modelle postulieren und begründen die Prozesseigenschaft der Leitbilderstellung.

Der Prozess soll dabei im Sinne der Ablauforganisation verstanden werden als „[...] die zusätzliche, in Einzelheiten gehende raumzeitliche Strukturierung [...]"[94] der Leitbildentwicklung. Dieser Ablauf erfordert eine zielgerichtete Steuerung. Stöger nennt sieben Faktoren, die dieses Prozessmanagement definieren: (1) Resultatorientierung, (2) Kundenorientierung, (3) Beitrag ans Ganze, (4) Kontrollierbarkeit, Messbarkeit, Beurteilbarkeit, (5) Wiederholbarkeit und Routine, (6) Verantwortlichkeit, (7) Führbarkeit.[95]

Ein Prozess zielt per definitionem auf ein Ergebnis, ein Produkt (1) und wendet sich bereits in einem weitgefassten Verständnis implizit an einen *Kunden* (2). Prozesse sind dabei in einen größeren Kontext eingebunden. Hier gibt es einen Auslöser mit einem Input sowie ein *Resultat* als Output. Im Bezug zum Kontext leistet dieses Resultat einen *Beitrag zum Ganzen* (3). Prozesse erfordern die Möglichkeiten für Feedback und *Kriterien der Resultatsmessung und Prozessbeurteilung* (4). Über die Option einer *Standardisierbarkeit* werden Prozesse wiederholbar und führen ggf. mit einem Optimierungsergebnis zu Routinen (5). Prozesse sind grundsätzlich losgelöst von konkreten Personen – ohne Klärung und Zuweisung von *Verantwortlichkeiten* im Prozess (6) sind diese jedoch nicht steuerbar, zugleich ist eine *Gesamtverantwortung* festzulegen, über die der Prozess letztlich gestaltet und damit führbar wird (7).[96]

Im Folgenden sollen zunächst idealtypische Prozessmodelle für die Leitbilderstellung dargestellt werden. Anschließend werden der Beratungsprozess als solcher sowie Methodiken in der Beratung zur Leitbilderstellung erörtert.

3.1 Prozessmodelle für die Leitbilderstellung

Müller-Stewens/Lechner stellen den Prozess der Leitbildentwicklung in acht Phasen dar. Dabei verwenden sie ein stufenweises Gegenstromverfahren, das „[...] zwischen top-down und bottom-up Prozessen solange iterativ hin- und herpendelt, bis eine breite Verankerung und weitgehende Akzeptanz des Leitbildes stattgefunden hat."[97]

---

[94] Steinle, C.: 2005, S. 538.
[95] Vgl.: Stöger, R.: S. 2.
[96] Vgl.: ebenda: S. 3 ff.
[97] Müller-Stewens, G., ;Lechner, C.: 2001, S. 181.

Dabei geht die Initiative formell von der Führungsspitze aus (1), die ein Projektteam aus Fach- und Interessenvertretern der für das Leitbild wesentlichen Themenkreise einsetzt (2). Die Themenkreise werden in Fachgruppen vertieft ausgearbeitet (3). Es entsteht eine erste Fassung des Leitbildes (4), die im Projektteam überprüft und bearbeitet wird. Die Ergebnisse der Abstimmung und/oder Überarbeitung werden unter Einbezug der Mitarbeiterschaft diskutiert und auf ihre Tragfähigkeit überprüft (5). Im Anschluss wird eine zu entscheidende Fassung des Leitbildes gefertigt (6) und der Führungsinstanz vorgelegt, dort bearbeitet bzw. von dort zur weiteren Bearbeitung rückverwiesen oder dort verabschiedet (7). Schließlich wird das Leitbild kommuniziert und implementiert/umgesetzt (8). Abbildung 9 stellt das entworfene Gegenstromverfahren dar.

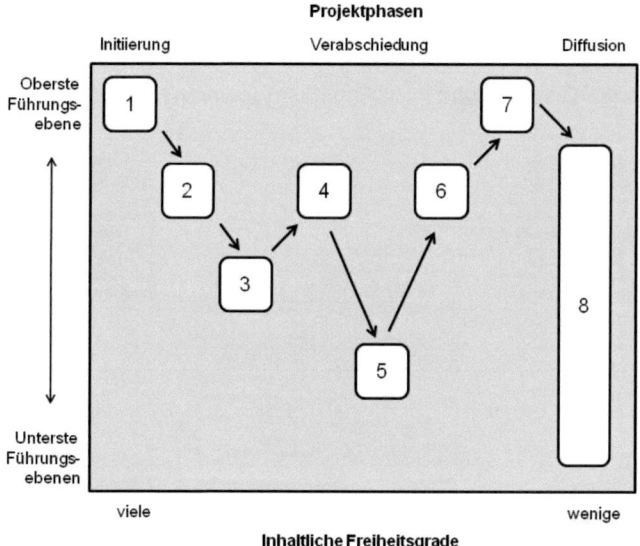

Abb. 9: Stufenweises Gegenstromverfahren nach Müller-Stewens/Lechner

Quelle: Eigene Darstellung nach Müller-Stewens/Lechner, 2001, S. 181.

Eschenbach/Horak unterteilen den Prozess der Leitbildentwicklung in neun Phasen: 1. Projektentscheidung, 2. Projektdesign, 3. Analysephase, 4. Bildung der Projektgruppe, 5. Erstentwurf durch Projektgruppe, 6. Verteilung des Entwurfes über Multiplikatoren und Diskussion, 7. Sammlung von Anregungen und Beiträgen, 8. Einarbeitung der Vorschläge in ein Leitbild, 9. Endversion und aktive Umsetzung in der Organisation.[98]

---

[98] Vgl. Eschenbach, R.; Horak, C.: 2003, S. 20.

Buber/Fasching zeigen in Anlehnung an Bleicher ein idealtypisches Vorgehen für die Erarbeitung von Leitbildern, verweisen aber auch darauf, dass sich „[...] die jeweilige Organisation aufgrund der situativen Rahmenbedingungen für die Leitbild-Entwicklung ihr organisationsspezifisches Ablaufschema [...]"[99] zugeschnitten festlegt. Nach diesem Modell steht am Anfang die Entscheidung zu den *Trägern der Leitbilderarbeitung* (ggf. Projektgruppe) und der Leitung des Prozesses (1). Es folgt eine inhaltliche Arbeit, die zunächst den *Geltungsbereich und den Adressatenkreis* festlegt (2). In einem Analysepart erfolgt die *Diagnose der Ist-Situation* (3) sowie die *Erarbeitung des Soll-Profils* (4). Anhand des Soll-Profils wird das *Leitbild* formuliert (5). Hier werden die Betroffenen über *Feedback-Schleifen* mit einbezogen (6). Das so generierte Leitbild wird *auf breiter Basis genehmigt* (7), parallel werden *flankierende Maßnahmen* bspw. in der Personalentwicklung sowie der Kommunikation eingeleitet (8). In der Umsetzung erfolgt eine laufende Leitbildüberwachung bspw. über ein *Leitbildcontrolling* und/oder ggf. einen/eine Ombudsmann/-frau (9). Dieser Ablauf ist in Abbildung 10 veranschaulicht.

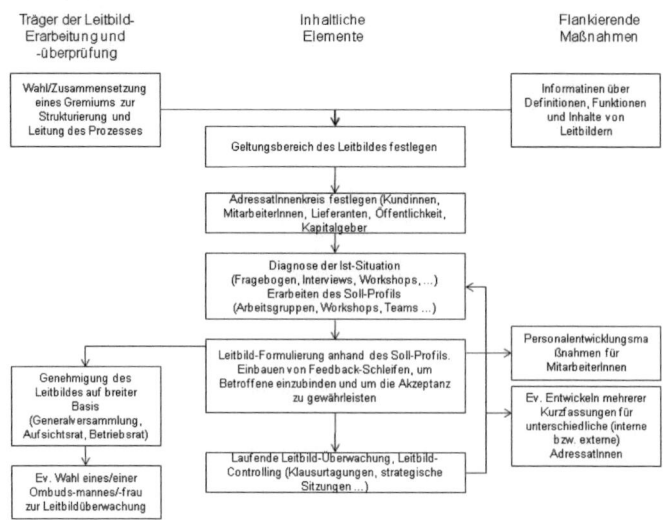

Abb.10: Idealtypischer Leitbildprozess nach Buber/Fasching

Quelle: Eigene Darstellung nach Buber/Fasching, 1999, S. 37.

Fink/Siebe stellen den Entwicklungsprozess in drei Phasen dar: „(1) Formulieren des Leitbildes, (2) Verankerung des Leitbildes in der Organisation und (3)

---

[99] Buber, R.; Fasching, H.: 1999, S. 35.

‚Leben' des Leitbildes im Tagesgeschäft."[100] Dabei übernehmen sie in der ersten Phase der Leitbildformulierung die oben dargestellten ersten sieben Punkte von Müller-Stewens/Lechner. Darüber hinaus unterstreicht die gleichgewichtete Darstellung der Phasen *Verankerung* und *Leben des Leitbildes in der Organisation* die besondere Bedeutung eben dieser Aspekte, ohne die die Leitbildentwicklung wirkungslos und obsolet erscheint.

Die vergleichende Gegenüberstellung der Modelle in Tabelle 2 verdeutlicht, dass übergreifend der Prozess der Leitbilderstellung in die Prozessschritte: Initiierung, Produktion, Beteiligung, Entscheidung und Umsetzung/Überwachung gegliedert werden kann.

In der Initiierung werden durch die Führungsinstanz als Inputgeber die Anforderung an das zu erwartende Resultat sowie die Verantwortlichkeiten für den Prozess geklärt. Im Sinne der Führbarkeit des Prozesses sind hier zudem Kriterien für die Resultatmessung einzuführen und übergeordnete Aspekte darzustellen, um den Prozess in den Gesamtkontext der Unternehmung einzugliedern und den Beitrag des Prozessresultates zum Ganzen zu bestimmen.

Die Prozessstufen Produktion sowie Beteiligung sehen in den Modellen ein laufendes Feedback vor. Das Resultat/das Produkt des verfassten Leitbildes gilt es schließlich zu verabschieden und in die Umsetzung zu bringen. Erst in der erfolgreichen Umsetzung erzielt es den Beitrag zum Ganzen, der in der Initialstufe definiert wurde. Dieser Beitrag wird in einem laufenden Controlling hinterfragt und überprüft. Ggf. ist das Leitbild insgesamt oder in Teilen neu anzupassen.

Festzustellen ist, dass die Modelle übergreifend mindestens die Prozessstufe Produktion, also die Leitbildererstellung aus der Führungsinstanz heraus an Dritte (Projektgruppe, Träger der Entwicklung) delegieren. Im Sinne der Input-Output Sichtweise für Prozesse kann insofern bei der konkreten Leitbildentwicklung die Führungsinstanz als Inputgeber und gleichzeitig als Kunde der durch sie bestimmten weiteren Prozessverantwortlichen angesehen werden.

Für die Prozessgestaltung und -umsetzung wird die Einbeziehung externer Beratung bspw. von Moderatoren empfohlen. So betonen Fink/Siebe, dass der Prozess „[...] stark moderativ geprägt ist. Ein wesentlicher Erfolgsfaktor ist die Begleitung des Prozesses durch einen erfahrenen (eher) externen Coach oder Moderator."[101]

---

[100] Fink, A.; Siebe, A.: 2006, S. 106.
[101] Ebenda: 2006, S. 106 f.

Modelle Prozessschritte	3 Phasen nach Fink/Siebe	7 Phasen nach Müller-Stewens/ Lechner	9 Phasen nach Eschenbach/ Horak	9 Phasen nach Buber/Fasching
Initiierung	Formulierung des Leitbildes (1)	Initiierung des Leitbildes (1) Einrichten eines Projektteams (2)	Projektentscheidung (1) Projektdesign (2)	Bestimmung der Träger der Leitbildentwicklung (1) Festlegung der Adressaten und des Geltungsbereichs (2)
Produktion		Fachgruppenarbeit (3)	Analyse (3)	Diagnose IST (3) Ableitung des SOLL (4)
		Formulierung 1. Fassung in Projektgruppe (4)	Entwurf Leitbild in Projektgruppe (4)	Erarbeitung Leitbildentwurf (5)
Beteiligung		Einbezug weiterer Kreise (Mitarbeiter) (5)	Entwurf an Multiplikatoren (5) Diskussion (6) Einarbeitung der Anregungen in neue Fassung (7)	Feedbackschleifen mit erweiterten Kreisen (6)
Entscheidung		Verabschiedung neue Fassung in Projektgruppe (6)		
		Verabschiedung Endversion durch die Geschäftsleitung (7)	Verabschiedung Endversion (8)	Genehmigung des Leitbildes auf breiter Basis (7)
Umsetzung/ Überwachung	Verankern des Leitbildes in der Organisation (2)	Diffusion (8)		Flankierende Maßnahmen bspw. der Personal-entwicklung (8)
	Leben des Leitbildes in der Organisation (3)			Leitbildüberwachung/ -controlling (9)

Tab. 2: *Vergleichende Gegenüberstellung von idealtypischen Leitbildprozessen*
Quelle: Eigene Darstellung

Von dem in dieser Weise zu entwickelnden Unternehmensleitbild unterscheiden Fink/Siebe das Geschäftsleitbild. Für das Geschäftsleitbild sehen sie als Ausgangspunkt eine *strategische Stoßrichtung* bzw. die *unternehmerische Vision*. Die Beschreibung des Leitbildes fußt dabei auf bis zu zwanzig, über eine Analyse bestimmte Strategieelementen des Geschäftes. Typische Strategieelemente nach Fink/Siebe „[...] sind das unternehmerische Selbstverständnis, die Positionierung im Wettbewerb, das Leistungsspektrum, zukünftige Märkte und Kunden, der Marktauftritt oder Kooperationsstrategien."[102]

Auf dieser Basis wird das Leitbild in fünf Phasen ausformuliert: (1) In der *Konkretisierung der Handlungsoptionen* werden diese in Hinblick auf ihre Unterstützung bei der Visionsumsetzung überprüft und als Leitsätze formuliert. (2) Diese Leitsätze werden ihrer Aussage nach sortiert und nach redaktioneller Überarbeitung zu *Leitsätzen* zusammengefasst. (3) Mit der *Erarbeitung strategischer Kompetenzen* wird entschieden, welche bestehenden Kompetenzen ausgebaut bzw. welche neu aufgebaut werden müssen, um die Vision zu erreichen. (4) Aus der Betrachtung der Ausgangssituation werden unter Berücksichtigung wirtschaftlicher Größen und Analysen aus den aktuellen Geschäftsfeldern die zukünftigen, *strategischen Positionen* abgeleitet. (5) In der Prozessstufe der *Zieldefinition* werden die Positionierung und die Kompetenzen mit messbaren Zielen operationalisiert. Für diesen Prozess stellen die Autoren heraus, dass ein Moderationsansatz in der Regel nicht oder nur bedingt ausreicht. Gleichwohl sehen sie die Erarbeitung in einer teamorientierten Vorgehensweise.[103] Der Prozess wird in Abbildung 11 dargestellt.

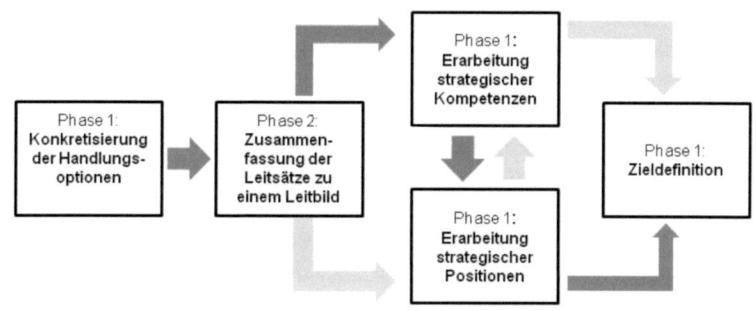

Abb.11: Prozess der Geschäftsleitbildformulierung nach Fink/Siebe
Quelle: Eigene Darstellung nach Fink/Siebe, 2006, S. 108.

---

[102] Fink, A,; Siebe, A.: 2006, S. 87.
[103] Vgl. ebenda: 2006, S. 107 f.

Die Gegenüberstellung unterschiedlicher Prozessmodelle verdeutlicht, dass die Prozesse individuell zugeschnitten werden. Gründe hierfür sind vielfältig. Ausschlaggebend sind bspw. die Zielsetzung oder die Anlässe der Leitbildentwicklung. Buber/Fasching nennen als Beispiele für inner- wie außerorganisationale Gründe der Leitbildentwicklung u. a.:

- Sicherung und Steigerung des Erfolges,
- Veränderungen des Kundenverhaltens,
- Veränderungen auf Lieferantenseite,
- Stärkere Beteiligung, Identifikation und Motivation der MitarbeiterInnen,
- Einheitliche Orientierung in wachsenden Organisationen,
- Differenzierungswunsch im Konkurrenzumfeld,
- Veränderung von Rahmenbedingungen und
- Veränderung des Bildes von der Organisation in der Öffentlichkeit.[104]

Je nach Zielstellung bzw. Anlass ist ein passgenauer Prozess aufzusetzen. Dabei ist ein generelles Unterscheidungsmerkmal für die Prozessgestaltung der *Grad der Partizipation*, also die Art und Weise und der Umfang, in der weitere Personen in den Prozess einbezogen sind bzw. werden sollen. Das Geschäftsleitbild – bspw. veranlasst durch eine erforderliche Strategieänderung auf der Basis veränderten Kunden- und/oder Lieferantenverhaltens – kann im engsten Kreis des Managements ausgearbeitet und dann im Sinne einer Ergebnispromotion den Betroffenen mit entsprechenden Maßnahmen vermittelt werden. Diesem eher autoritär-oligarchischen Vorgehen steht das Vorgehen einer Prozessmoderation als Ausdruck einer Partizipationshaltung entgegen. Zu unterscheiden sind also auch die Grundhaltungen der Ergebnispromotion einerseits und die der Prozesspromotion andererseits. Die eine wie die andere Haltung kann dabei auch vor dem Hintergrund der bestehenden Organisationskultur gesehen werden (vgl. 2.2).

Im Zentrum dieser Arbeit steht die Beratungsperspektive für den Prozess der Leitbildentwicklung. Bereits in der Darstellung der allgemeinen Prozessmodelle für die Leitbildentwicklung wurde der Einbezug externer Beratung postuliert. Im Folgenden soll zunächst auf den Prozess der Beratung im Allgemeinen eingegangen und dieser dann für den Beratungsprozess der Leitbildentwicklung spezifiziert werden. Dabei wird im Wesentlichen auf für die Leitbildentwicklung relevante Beratungsmethoden eingegangen.

---

[104] Vgl. Buber, R.; Fasching, H.: 1999, S. 24.

3.1 Die Leitbildentwicklung als Beratungsprozess

Wie in der Problemstellung dargelegt, wird Beratung im Rahmen dieser Arbeit als Dienstleistungsangebot der Unternehmensberatung verstanden. Diese Dienstleistung selbst ist Teil eines Gesamtprozesses der sich über einen sachlogischen Ablauf von fünf Teilprozessen vollzieht: Kontakt, Akquisition, Angebot, Durchführung, Nachbereitung.[105] Der Fokus dieser Arbeit liegt auf der Durchführung des Beratungsprozesses ‚Leitbildentwicklung'. Die weiteren Ausführungen werden sich insofern auf diese Prozessstufe konzentrieren.

Der klassische Ablauf der Auftragsdurchführung umfasst die aufeinander folgenden Phasen: Ist-Analyse, Zielsetzung, Sollkonzeption, Realisierungsplanung, Präsentation und Berichterstellung, Realisierung, Auftragsabschluss und Evaluation sowie in der Folge die Klientenpflege.[106] Heuermann/Herrmann bezeichnen die Durchführungsphase als Programm, das aus Beraterperspektive in Form eines Projektmanagements geführt wird und die Stufen Ist-Analyse/Sollkonzept, Test/Pilotierung sowie Realisierung umfasst.[107]

Wie in Kapitel 2.3. dargestellt, ist die Leitbildentwicklung Teil der bzw. Ausgangspunkt für die Strategiefindung. In diesem Sinne ist sie aus Beratersicht der Strategieberatung allgemein zuzuordnen. Diese Beratung kann auf unterschiedlichen Ebenen des Managements initiiert werden – so auf der Ebene des obersten Managements mit Blickrichtung Gesamtstrategie und als Teil der umfassenden Unternehmenspolitik oder auf einer stärker operativ ausgerichteten Unternehmensebene als Teil der entsprechenden Geschäftspolitik. Die Initiierung eines Leitbildentwicklungsprozesses geht i. d. R. von einer Führungsinstanz mit entsprechender Entscheidungskompetenz aus. Diese Instanz ist Auftraggeber und Kunde des externen Beraters. Die ‚Dienstleistungen' oder auch ‚Produkte' des Beratungsprozesses sind „[...] die vom Kunden bezahlten Beratungsleistungen im weitesten Sinne."[108] Heuermann/Herrmann nennen als Produktkategorien hierzu Gutachten, Research-Maßnahmen, Workshops/Trainings, Fachkonzept, Implementierungen und Managementaufgaben. Für die Erstellung der Produkte werden diverse Werkzeuge oder Methoden eingesetzt. Für den Prozess der Strategieberatung spielen die „[...] Methoden [...] eine erhebliche Rolle, weil sie ganz entscheidend aufgrund ihrer inhärenten Eigenschaften das Vorgehen und

---

[105] Vgl. Niedereichholz, C.: 1997, Bd. 2, S. 3 f.
[106] Vgl. ebenda: 1997, Bd. 2, S. 4.
[107] Vgl. Heuermann, R.; Herrmann, F.: 2003, S. 135.
[108] Ebenda: 2003, S. 175.

das mögliche Ergebnis der Strategiearbeit bestimmen. Zu unterscheiden sind:

- quantitative Methoden der Datenanalyse (z. B. Portfolio-Analysen),
- qualitative Methoden (z. B. manche Szenario-Analysen),
- naiv-intuitive Methoden (z. B. Kreativitätstechniken).

Eigenschaften dieser Methoden wie aller Werkzeuge sind, dass sie bestimmte Vorannahmen treffen, den Suchraum einschränken, das Grundgerüst eines Arbeitsplans mit sich bringen und häufig auch ein bestimmtes Format der Ergebnisdarstellung haben."[109]

Für die Durchführungsphase können sowohl *standardisierte* als auch *innovative* Problemlösungen eingesetzt werden. Als Standardprodukte gelten dabei Beratungsprodukte bei denen „[...] die einzelnen Phasen, Segmente und Arbeitsschritte im Prinzip festgelegt [sind] und [...] nur kundenspezifisch angepaßt [sic] werden [...]"[110] müssen. Für innovative und analytische Methoden steht dagegen nur eine Auswahl von Verfahren und Methoden bereit. Typische Produkte sind bspw. Geschäftsprozessoptimierungen, Business Reengineering, Zertifizierungsberatungen oder auch Strategische Planung oder Mergers & Aquisition.

Zu den innovativen Problemlösungsmethoden zählen nach Niedereichholz Kreativitätstechniken, Simulationsverfahren sowie Trial and Error Verfahren. Diese Methoden führen zu neuen und individuellen Problemlösungen. Über diese Verfahren können mittels Abstraktion und Standardisierung wiederum neue, standardisierte Beratungsprodukte generiert werden.[111]

Der konventionell-traditionellen Leistungsform, die beraterzentriert stark auf standardisierte Verfahren zurückgreift, steht die Leistungsform der *Lean-Consulting-Konzeptionen*[112] gegenüber. Hier werden für den Analyseteil vorwiegend Expertensysteme und EDV-Tools eingesetzt. Den wesentlichen Part nimmt das Workshop-Consulting mit dem Berater als Moderator ein. Diese Leistungsform zeichnet sich im Besonderen dadurch aus, dass der Klient bzw. das Klientensystem aktiv in den Prozess der Lösungsfindung einbezogen ist. Hauptmethode ist der *Sokratische Dialog*. Vorteile dieser Leistungsform sind nach Niedereichholz:

- Akzeptanzbarrieren werden abgebaut.

---

[109] Heuermann, R.; Herrmann, F.: 2003, S. 182.
[110] Vgl. Niedereichholz, C.: 1997, Bd. 2, S. 5.
[111] Vgl. ebenda: 1997, Bd. 1, S. 140.
[112] Vgl. ebenda: 1997, Bd. 1, S. 141.

- Der Beratungsprozess bindet weniger Beratertage und ist verhältnismäßig kostengünstig für den Klienten.
- Der Realisierungsprozess beginnt unmittelbar mit Start der Beratung.
- Eine kontinuierliche Fortschrittskontrolle stellt sicher, dass beschlossene Maßnahmen umgesetzt werden.[113]

Unabhängig von der Wahl der Methodik gilt übergreifend für den Beratungsprozess, dass in der Durchführung/der Projektphase die Schritte Ist-Analyse, Soll-Konzept sowie ggf. die Realisierung verbindlich sind. Dabei gilt die Ist-Analyse als „[...] Bestandsanalyse über beratungsrelevante Voraussetzungen und Gegebenheiten beim Kunden und in seinem Marktumfeld. [...] In der Analysephase müssen diejenigen Tatbestände erfasst und transparent gemacht werden, die den Ist-Zustand des in der Problemdiskussion identifizierten Tätigkeitsbereiches repräsentativ abbilden."[114] Das Soll-Konzept liefert die Begründung und Maßnahmenempfehlungen für das neue Handeln. Je nach Komplexität der Aufgabenstellung kann die Erarbeitung von Maßnahmen zur Zielerreichung auf Basis des Ist-Zustandes ein entsprechend umfassender kreativer Prozess bzw. eine entsprechend ausgedehnte strategische und/oder konzeptionelle Phase umfassen. Dabei steht die detaillierte Ausarbeitung von Alternativen im Vordergrund. Die Alternative „[...] mit dem höchsten Zielerreichungsgrad, einem möglichst niedrigen Risikowert und gutem Kosten-Nutzen-Verhältnis [...] ist das zur Umsetzung empfohlene Soll-Konzept."[115]

Die aufgeführten Beratungsalternativen folgen dem Differenzierungsmerkmal *Grad der Partizipation*. Wie in Kapitel 3.1. dargestellt, kommen bei Leitbildentwicklungen sowohl beraterzentrierte Beratungsprodukte als auch im Besonderen partizipative Ansätze zum Tragen.

Im Folgenden soll zunächst auf das *Workshop-Consulting* im Sinne einer partizipativen Prozessgestaltung eingegangen werden. Mit dem Strategie-Coaching wird zudem eine spezielle Form der Beratung vorgestellt. Es werden schließlich das *Lean-Consulting* als ein Ansatz, der im Besonderen auch partizipative Beratungsformen nutzt sowie für den Beratungsprozess der Leitbildentwicklung relevante standardisierte Methoden und Analysewerkzeuge dargestellt.

---

[113] Vgl. ebenda: 1997, Bd. 1, S. 141 ff.
[114] Heuermann, R.; Herrmann, F.: 2003, S. 161.
[115] Ebenda: 2003, S. 165.

3.2.1 Workshop-Consulting

Beratungspozesse, die nach einer Partizipationsstrategie gestaltet werden, beziehen die Betroffenen möglichst früh mit ein. Im Wesentlichen sind es drei Gründe, die für dieses Vorgehen sprechen. Zum Einen werden auf diese Weise im Sinne einer *human-values-Strategie* die Interessen, Meinungen und Einstellungen in den Prozess eingebracht. Zum Zweiten wird das Spektrum an fachlichem Wissen, an Ideen und Vorschlägen erweitert. Mit dieser *human-resource-Strategie* kann die sachliche Effizienz erhöht werden. Schließlich benötigen Einstellungs- und Verhaltensänderungen einerseits Zeit und können andererseits nur über die Akzeptanz der Beteiligten erreicht werden.[116] Vor dem Hintergrund der Ableitungen im Besonderen in Kapitel 2 erhält dieser Nutzen eine besondere Bedeutung. Geläufige Formen einer partizipativen Beratung reichen vom Workshop über Konferenzen bis hin zu Tagungen. Diesen Formaten gemein ist der Part der Moderation, der durch die unabhängige Instanz des Beraters wahrgenommen wird.

„Bei Moderation handelt es sich [...] um eine Methode, mit der Arbeitsgruppen unterstützt werden können, ein Thema, ein Problem oder eine Aufgabe, auf die Inhalte konzentriert, zielgerichtet und effizient, eigenverantwortlich, im Umgang miteinander zufrieden stellend und möglichst störungsfrei sowie an der Praxis orientiert zu bearbeiten."[117] Als Methode fußt Moderation wesentlich auf dem Konzept der von Cohn entwickelten *Themenzentrierten Interaktion* (TZI). Cohn stellt das Individuum, die Gruppe und das Thema in eine interaktionelle Beziehung. Dabei enthält jede Gruppeninteraktion drei Faktoren, „[...]die man sich bildlich als Eckpunkte eines Dreieckes vorstellen könnte: 1. das Ich, die Persönlichkeit; 2. das Wir, die Gruppe; 3. das Es, das Thema. Dieses Dreieck ist eingebettet in eine Kugel, die die Umgebung darstellt, in der sich die interaktionelle Gruppe trifft. [...] Die thematisch interaktionelle Methode befaßt [sic] sich mit den Beziehungen der ‚Dreieckspunkte' zueinander und ihrer Einbettung in die ‚Kugel'. Der Reichtum dieser einfachen Struktur wird offensichtlich, wenn man die komplexe Natur des Ichs als eine psychobiologische Einheit ansieht, das Wir als Zwischenbeziehung aller Gruppenmitglieder, und das Thema als die unendlichen Kombinationen aller in Frage kommenden konkreten und abstrakten Faktoren."[118]

TZI fußt auf einer humanistischen Grundhaltung, die sich in den Axiomen zu *Ganzheitlichkeit des Menschen*, *Freiheit und Verantwortung*, *Menschlichkeit und Schutz der Schöpfung* sowie den daraus abgeleiteten Apellen für die

---

[116] Vgl. Buber, R.; Fasching, H.: 1999, S. 33.
[117] Hartmann, M,; Rieger, M.; Auert, A.: 2003, S. 16.
[118] Cohn, R.: 2004, S. 113 f.

Gruppenarbeit wie *Sei Dein eigener Chairman* oder *Störungen haben Vorrang* niederschlägt.[119] Die der Methode zugrunde liegende Arbeitshypothese postuliert, dass „[...] jede Person (hier ‚Ich' genannt), jede Interaktion von Menschen untereinander (hier ‚Wir' genannt), jede Sache, jeder Lernstoff, jede Arbeitsaufgabe, mit der diese Menschen zu tun haben (hier ‚Es' genannt), von grundsätzlich gleicher Wichtigkeit sind und im Zusammenleben, besonders in der strukturierten Gruppenarbeit, gleichen Stellenwert haben."[120] Die Gruppenarbeit zeichnet sich durch eine gelebte Wertschätzung der Andersartigkeit und der Vielfalt der Meinungen und Erfahrungen aus und strebt eine Balance zwischen Autonomie und Einschränkung an. Grundlegende Regeln für die Gruppenmoderation fußen auf den Prinzipien der TZI. Methoden und Arbeitstechniken der Moderation – bspw. die der *Visualisierung* und des *Feedbacks* sowie die *Fragende Haltung* finden in ihr ihren Rückbezug.

In der Ausprägung einer Grundhaltung ist TZI jedoch nicht nur eine Methode, die für die Moderation Relevanz hat. Vielmehr bestimmt TZI als Haltung auch das Verhalten des Beraters in allen Phasen und Kontexten eines Beratungsprozesses.

Zu Moderationen gibt es unterschiedliche Formate, die nach Seifert in zwei Kategorien eingeteilt werden können. Er unterscheidet in *offene Ansätze* und *zweckgebundene Ansätze*.[121] Offene Ansätze bieten dabei „[...] maximale Partizipation zur Meinungs- und Willensbildung sowie Entscheidungsfindung in Organisationen, meist zu Themen der Optimierung. Es bleibt – im Rahmen eines Generalthemas – offen, was von der Gruppe, die sich zu diesem Thema trifft, bearbeitet wird."[122] Die wesentlichen Methoden hier sind Metaplan®, Moderatio®, ModerationsMethode® sowie Open Space. Geschlossene Ansätze sind solche, bei denen vorgegeben ist, wofür sie genutzt werden. Hierzu zählen *Zukunftskonferenz, Konferenz des Wandels (RTSC)* sowie *Appreciative Inquiry*.[123]

Für die Gestaltung des Prozesses der Leitbildentwicklung können sowohl geschlossene als auch offene Ansätze zum Tragen kommen. Buber/Fasching stellen für Prozesse der Leitbildumsetzung besonders offene Formen der Moderation u. a. als unterstützende Methoden dar.[124] Fink/Siebe nennen für den Part einer partizipativen Visionsfindung als Teil der Leitbilderstellung

---

[119] Vgl. Neuland, M.: 2003, S. 81 f.
[120] Langmaack, B.: 2001, S. 48 f.
[121] Vgl. Seifert, J. W.: 2003, S. 80 ff.
[122] Ebenda: 2003, S. 81.
[123] Vgl. ebenda: 2003, S. 80.
[124] Vgl. Buber, R.; Fasching, H.: 1999, S. 71 ff.

geschlossene Moderationsformen wie die *Zukunftskonferenz*, die *Zukunftswerkstatt*, das *Preferred Futuring, Real Time Strategic Change (RTSC)* und den *partizipativen Strategieprozess*.[125] Nach Holman/Devane unterscheiden sie die Formate in: *Planungsmethoden*, die der Unternehmung helfen, eine Richtung festzulegen. „Nach Gruppendiskussionen und Gruppenentscheidungen legen die Teilnehmer eine Richtung für die Zukunft fest und entwickeln Umsetzungsschritte. [...] Zu den Planungsmethoden zählen *Search Conference, Zukunftskonferenz* und die *partizipative Strategieplanung (PSP)*."[126] Die Planungsmethoden bilden den Schwerpunkt der partizipativen Visionsfindung. *Strukturierungsmethoden* bestimmen dagegen Arbeitsbeziehungen der Mitglieder der Organisation bzw. unter den Teilnehmern. Auf diese Weise werden Strukturen zur Umsetzung von Plänen geschaffen. Hier sind i. d. R. offene Moderationsansätze gefragt. *Anpassungsmethode* wiederum haben keinen eindeutigen Schwerpunkt. Sie kombinieren situationsbedingt Planungs- und Strukturierungsmethoden. Solche Formate sind die *Zukunftswerkstatt*, das *Preferred Futuring* sowie das *RTSC*.[127]

Alle genannten Formate folgen in der partizipativen Visionsfindung einem ähnlichen Ablaufmodell bestehend aus sieben Phasen. Mit den Schritten ‚Beschreibung der Vergangenheit', ‚Analyse der Gegenwart' und ‚Entwicklungsmöglichkeiten im Umfeld' werden die Grundlagen für die Diskussion der Vision geschaffen. ‚Eigene Handlungsoptionen', ‚Visionsfindung' und ‚Strategiebeschreibung' stellen eine erweiterte Strategieerarbeitung um den Kern der Visionsfindung dar. Schritt sieben schließlich behandelt die ‚Umsetzung von Vision und Strategie'. Die genannten Formate können zu unterschiedlichen Prozessstufen eingesetzt werden. Eine systematisierte Übersicht über die genannten Formate und deren Bezug auf einzelne Prozessschritte (hier der Visionsfindung) geben Fink/Siebe[128] (vgl. Tabelle 3):

---

[125] Vgl. Fink, A.; Siebe, A.: 2006, S. 111.
[126] Ebenda: 2006, S. 114.
[127] Vgl. ebenda: 2006, S. 114.
[128] Vgl. Fink, A.; Siebe, A.: 2006, S. 115.

	Zukunfts-konferenz (Future Search)	Zukunfts-Werkstatt	PSP		Preferred Futuring	RTSC
Phase 1: Beschreibung der Vergangenheit	Schritt 1: Vergegenwärtigung der Vergangenheit				Schritt 1: Geschichten aus der Vergangenheit	Schritt 1: Gelungener Start
Phase 2: Analyse der Gegenwart	Schritt 3: Bewertung der Gegenwart	Schritt 1: Kritikphase			Schritt 2: Gegenwärtiger Zustand Schritt 3: Werte und Überzeugungen	Schritt 2: Aufrütteln
Phase 3: Umfeldentwicklungen	Schritt 2: Prüfung des Umfeldes				Schritt 4: Ereignisse, Trends, Entwicklungen	Schritt 2: Aufrütteln
Phase 4: Eigene Handlungsmöglichkeiten						Schritt 3: Die eigenen Potenziale bewusst machen
Phase 5: Visionfindung	Schritt 4: Erfinden der Zukunft Schritt 5: Entdeckung des gemeinsamen Grundes	Schritt 2: Visions- oder Fantasiephase	Schritt 1: Praxisnahe Vision Schritt 2: Zugrundeliegende Widersprüche		Schritt: 5 Visionen der gemeinsamen Zukunft	Schritt 4: Hoffnung auf eine positive Zukunft machen
Phase 6: Strategiebeschreibung			Schritt 3: Strategische Richtungen		Schritt: 6 Ziele, Hindernisse und strateg. Aktionen	
Phase 7: Strategieumsetzung	Schritt 6: Umsetzung der Zukunft im Hier und Jetzt	Schritt 3: Umsetzungsphase	Schritt 4: Umsetzung		Schritt: 5 Aktionspläne Schritt 8: Unterstützung der Fortführung	Schritt 5: Maßnahmen planen Schritt 6: Der gelungene Schluss

Tab. 3: Übersicht partizipativer Formate im Prozess der Visionsfindung
Quelle: Eigene Darstellung nach Fink/Siebe (2006).

Auf die Einzeldarstellung der Formate soll im Rahmen dieser Arbeit verzichtet werden. Zur Vertiefung wird beispielhaft auf die Ausführungen von Graeßner verwiesen.[129]

Als eine besondere Form der partizipativen Beratung kann in einem erweiterten Verständnis das Coaching bezeichnet werden. Für die Fragestellung dieser Arbeit ist hierbei das ‚Strategie-Coaching' von Interesse.

Wolff identifiziert das Strategie-Coaching als eine Spezialform des Organisations-Coachings, „[...] die man insbesondere zur kommunikativen Unterstützung der Entscheiderebene in Strategieprozessen einsetzt."[130]

Ansatzpunkt für den Prozess ist die Orientierungs- und Steuerungsleistung der Entscheiderebene als zentrale Initiierungsstelle und Promoter des Veränderungsprozesses. „Strategie-Coaching folgt damit dem Managementgrundsatz, dass es eine nicht delegierbare Kernaufgabe der Unternehmensführung ist, richtungweisende Rahmenvorgaben zu entwickeln und deren Umsetzung aktiv zu unterstützen."[131] Dabei ersetzt Strategie-Coaching „[...] keine betriebswirtschaftlichen Analysen und es geht auch nicht darum, einzelne Implementierungslösungen vorwegzunehmen."[132] Vielmehr soll eine „[...] bewusste Annäherung und Identifikation des Primärteams mit dem eigenen Vorhaben [...]"[133] erreicht werden. Als Primärteam werden hier die Mitglieder der Unternehmensleitung aufgefasst.

Auf Seiten des Klienten werden drei Bedarfskategorien unterschieden. Der präventive Bedarf zielt auf die Reduzierung ‚blinder Flecken', der direktive Bedarf bezieht sich auf den Umgang mit antizipierten Konflikten und der kurative Bedarf gilt dem Verhindern des Scheiterns bei bereits ins Stocken geratenen Implementierungsinitiativen. Der prozessuale Aufbau der Beratung entspricht dem klassischen Modell der Analyse und der Konzepterstellung sowie der Realisierung. Dem Berater werden hier unterschiedliche Rollen zugewiesen: Außensichtgeber, Analyst und Klärungshelfer, Beziehungs- und Kommunikationsbrücke, Veränderungsexperte, Prozesshelfer, Impulsgeber und Sparringspartner, Energiespender und Konflikthelfer.[134]

Strategiecoaching kann als ein unterstützendes Beratungsprodukt auch in der Leitbildentwicklung eingesetzt werden. Leitbildentwicklungsprozesse können vor allem im Zusammenhang mit Organisationsentwicklungsprojek-

---

[129] Siehe hierzu Graeßner, G.: 2008, S. 173–236.
[130] Wolff, U.: 2005, S. 392.
[131] Ebenda: 2003, S. 393.
[132] Ebenda: 2003, S. 394.
[133] Ebenda: 2003, S. 394.
[134] Vgl. ebenda: 2003, S. 405 f.

ten als Interventionen aufgefasst werden. Besonders im Zusammenhang derartiger Changeprozesse erscheint die Begleitung durch Coachings von Einzelpersonen oder Teams sinnvoll. Für die Leitbildentwicklung selbst als partizipative Methoden geläufiger sind jedoch Workshop- und Konferenzformate, die den Berater im Besonderen in der Rolle des Moderators sehen.

3.2.2 Lean-Consulting

Lean-Consulting stellt eine spezielle Form der Beratungskonzeption dar. Lean-Consulting ist „[...] eine moderne Vorgehensweise, die ihre theoretischen Grundlagen in der Organisationstheorie, bzw. Organisationsentwicklung hat und in erster Linie für Einzelberater geeignet ist."[135] Wesentlich für den Ansatz ist ein hoher Grad der Beteiligung des Klienten einerseits über die Verlagerung von Aufgaben in das Klientensystem und andererseits durch eine umfängliche Gestaltung über Workshops. So wird der Analyseteil „[...] einer bewährten, standardisierten Lösungsmethode auf den Klienten übertragen."[136] Die weitere Bearbeitung erfolgt wesentlich über Workshops. Teil dieser Workshops sind so genannte Simultanprotokolle, die jeweils nur die konsensualen Punkte aufnehmen. Über Informations- und Diskussionsrunden, die aus der Unternehmung gestaltet werden, werden weitere relevante Kreise involviert und beteiligt.

Ein beispielhafter Lean-Consulting-Ansatz sieht auf der Prozessstufe der Initiierung die Teilprozesse *Akquisitionsgespräch zwischen Auftraggeber und Berater*, die *Bestimmung des internen Projektteams*, sowie den *Vertragsabschluss* vor. Über einen Analyseleitfaden wird zudem ein wesentlicher Part der IST-Bestimmung zunächst auf die Klientenseite verlagert.

Die Prozessstufe der Produktion sieht dann vorwiegend durch den Berater moderierte Workshops mit dem Projektteam vor. Beispielhaft steht hier die *Diagnose der IST-Situation*, die *Erarbeitung des SOLL-Profils* sowie die hierauf aufsetzende *Leitbildformulierung*. Bereits hier erfolgt eine Verschränkung mit der Prozessstufe der Beteiligung über *Feedbackschleifen*.

Das so erarbeitete Leitbild wird schließlich verabschiedet und anschließend in die Umsetzung gebracht. In der Umsetzung erfolgt ein *Controlling* bspw. über Fortschrittskontrollsitzungen.

Beratungsprodukte (auch im Sinne der Fakturierung) in dieser Konzeption sind demnach:

---

[135] Niedereichholz, C.: 1997 Bd.1, S. 141.
[136] Ebenda: 1997, Bd.1, S. 141.

(1) Analyseleitfaden für die IST-Analyse (standardisiertes Produkt),
(2) Workshops (teilstandardisiert – kreativ/intuitiv),
(3) Prozesssteuerung (im Besonderen in den Abstimmungen auf der Prozessstufe Beteiligung),
(4) Controlling.

Niedereichholz stellt heraus, dass im Besonderen durch die ‚schlanke' Gestaltung des Analyseparts und die über den Leitfaden und die Workshops deutliche Verlagerung von Aufgaben bzw. die hohe Beteiligung des Klienten, Lean-Consulting-Konzeptionen für den Klienten kostengünstig gestaltet werden können.[137]

Der hohe Grad der Beteiligung wiederum macht diese Form der Beratung für die Leitbildentwicklung im Besonderen interessant. Abbildung 12 stellt modellhaft einen Prozess der Leitbildentwicklung nach dem Lean-Consulting Ansatz dar.

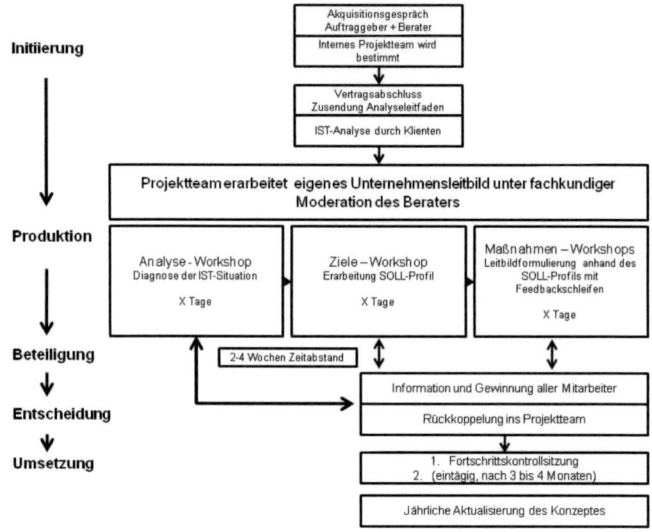

Abb.12: Modellhafter Ablauf Lean-Consulting für die Leitbildentwicklung
Quelle: Eigene Darstellung in Anlehnung an Niedereichholz, 1997 Bd. 2, S. 142

---

[137] Vgl. Niedereichholz: 1997 Bd.1, S. 143.

3.2.3 Standardisierte Beratungsprodukte und Werkzeuge

Die „[...] klassische Form der Durchführung einer Unternehmensberatung [...]"[138] sieht vor, dass der Berater oder ein Team von Beratern nach selbstgewählten Methoden im Unternehmen des Auftraggebers den IST-Zustand analysiert und über standardisierte oder innovative Problemlösungsmethoden das Sollkonzept erstellt und ggf. auch realisiert.[139]

Von den partizipativen Prozessstrategien zu unterscheiden sind Methoden einer reinen Ergebnisorientierung. Dabei erfolgt die Erarbeitung durch den Berater/das Beraterteam traditionell eher direktiv und wird von hier aus in den Gesamtprozess eingesteuert. Die Erarbeitung kann dabei beraterautonom, im Dialog oder auch über den Einbezug des im Unternehmen gebildeten Projektteams erfolgen. Die Methoden können insofern hybride Formen aus beraterzentrierter Erarbeitung und partizipativer Gestaltung annehmen.

Für die Leitbildentwicklung als Teil der Strategieberatung nennen Heuermann/Herrmann als relevante Techniken u. a. den Sieben-S-Ansatz, die Balanced Scorecard (BSC), engpasskonzentriertes System (EKS), die Portfolioanalyse und die Szenarioanalyse.[140]

Dabei legt der 7 S-Ansatz wie unter 2.2.1. dargestellt einen wesentlichen Fokus auf interne Faktoren und wird eher „[...] als eine Art Checkliste, die strategierelevante interne Faktoren für den Unternehmenserfolg benennt [...]"[141] charakterisiert. Die BSC liefert über ein Kennzahlensystem mit den Bereichen Finanzergebnis, Kunden, Prozesse und Lern-/Entwicklungsperspektive ein ausgewogenes Zielkonstrukt für das operative Management. Das EKS legt den Fokus auf Produkte und Markt und sucht die beste Strategie in der Identifikation von Schwachstellen und Engpässen im Kerngeschäft.[142] „Ausgehend von der strategischen Analyse [...], werden Kernprodukte definiert, die wichtigen Kundengruppen dafür identifiziert, deren Erwartungen erhoben und diese in der Folge in Qualitäts- und Produktmerkmale übersetzt."[143]

Nach Eschenbach/Horak helfen Portfolio-Techniken, im Besonderen Fragen der Marktstellung und des Produktmixes zu beantworten. Das Portfolio stellt dabei komplexe Zusammenhänge in zwei Dimensionen übersichtlich dar.

---

[138] Niedereichholz, C.: 1997 Bd. 1, S. 138.
[139] Vgl. ebenda: 1997 Bd. 1, S. 138.
[140] Vgl. Heuermann, R.; Herrmann, F.: 2003, S. 183.
[141] Ebenda: 2003, S. 183
[142] Vgl. ebenda: 2003, S. 183.
[143] Eschenbach, R.; Horak, C.: 2003, S. 34.

„Die beiden Dimensionen werden durch ihre Beeinflussbarkeit unterschieden: Die eine ist in großem Maß von der [...] [Organisation] beeinflussbar, die andere wird primär vom Umfeld [...] geprägt [...]. Jede der beiden gewählten Dimensionen hat einen Anfangspunkt, (mindestens) einen Mittelpunkt und einen Endpunkt."[144] Damit entstehen Teilfelder bzw. Quadranten eines zweidimensionalen Darstellungsraumes, in dem die strategischen Betrachtungsobjekte positioniert werden.

Szenarioanalysen entwerfen alternative Zukunftsannahmen, die als Basis der Unternehmensplanung dienen sollen. Die Relevanz und den Einsatz dieser Technik für die Visionsfindung stellen Fink/Siebe dar.[145] Sie nennen zudem als Anwendungsfelder von Strategieszenarios auch die Umfeld- und die Wettbewerberanalyse.[146] Die Szenariotechnik konzentriert sich darauf, „[...] Prozesse zu entwickeln, welche die Fähigkeiten einer Organisation erweitern, um die erforderlichen Ressourcen bereitzustellen. Dabei wird der Invention und Innovation eine grosse [sic] Bedeutung zugewiesen. [...] Szenarien sind systematisch und nachvollziehbar, aus der gegenwärtigen Situation heraus entwickelte, mögliche Zukunftsbilder."[147]

Für das Leitbild hebt u. a. Hinterhuber die Stakeholder-Analyse hervor.[148] Stakeholder sind hier die Anspruchs- bzw. Interessengruppen der Unternehmung. Die Stakeholderanalyse dient „[...] der Identifikation der relevanten Stakeholder [...], der Untersuchung beziehungsweise Erklärung ihrer Ansprüche, ihres Verhaltens und der Koalitionen zwischen den verschiedenen Stakeholdern. Damit schafft sie Transparenz und ist auch eine Ausgangsbasis für die Strategieentwicklung."[149]

Eschenbach/Horak nennen als weiteres Instrument die SWOT-Analyse bei der es im Wesentlichen darum geht, interne Faktoren der Organisation, die sich in Stärken und Schwächen des Unternehmens/der Organisation ausdrücken sowie externe Faktoren aus Chancen und Risiken zu identifizieren und aus der Gegenüberstellung Schlussfolgerungen abzuleiten.

Auf die detaillierte Beschreibung dieser Auswahl an Analyse-, Bewertungs- und Darstellungswerkzeugen wird im Rahmen dieser Arbeit verzichtet. Die Auswahl verdeutlicht jedoch, dass der Beratung ein umfängliches Rüstzeug für standardisierte Produkte zur Verfügung steht, die für die Leitbildentwick-

---

[144] Eschenbach, R.; Horak, C.: 2003, S. 39.
[145] Vgl. Fink, A.; Siebe, A.: 2006, S. 80 ff.
[146] Vgl. ebenda: 2006, S. 93 f.
[147] Bleicher, K.: 2004, S. 109.
[148] Vgl. Hinterhuber, H.H.: 2004, S. 94.
[149] Eschenbach, R.; Horak, C.: 2003, S. 22.

lung im Besonderen in der Analyse der IST-Situation und bei der Ableitung einer SOLL-Konzeption von Relevanz sein können.

3.3 Ableitung relevanter Aussagen für den Leitbildberatungsprozess

Leitbilder werden auf unterschiedlichen Ebenen und mit entsprechend unterschiedlich konkretisierten Zielsetzungen initiiert. Das Leitbild ist Teil des strategischen Managements. Es ist in diesem Sinne ein wesentliches Instrument der Unternehmensführung.

Aussage 1:

> Für den Prozess der Leitbilderstellung ist es erforderlich, dass dieser durch eine Führungsinstanz initiiert wird. Die Führungsinstanz verfügt dabei sowohl über die Kompetenz, das Leitbild in die Umsetzung zu bringen als auch die Eigenschaften, eine Verankerung des Leitbildes nachhaltig im Unternehmen zu unterstützen.

Dabei erscheint es als erfolgskritisch, dass der Prozess und das erwartete Resultat glaubwürdig umgesetzt werden. Wie in Kapitel 2.2.2. dargestellt, wird ein Leitbild als symbolische Handlung ohne Anschlussfähigkeit an die Wertesysteme der Mitglieder der Organisation nicht akzeptiert und damit auch nicht gelebt werden.

Aussage 2:

> Grundprinzip des Leitbildentwicklungsprozesses ist eine Verzahnung von Top-down und Bottom-up. Durch die Führungsinstanz sind vor allem Engagement und Glaubwürdigkeit zu gewährleisten. Für die Beratung ist es unabdingbar, in der Initiierungsphase zur Leitbildentwicklung auch die Motive und Absichten der Führungsinstanz sowie die Zielstellung des Prozesses mit dem Auftraggeber zu klären.

Eine entscheidende Rahmenbedingung für die Akzeptanz und um sicher zu stellen, dass die diversen internen und externen (Kultur-)Aspekte einer Unternehmung berücksichtigt werden, ist die partizipative Gestaltung des Prozesses. Die Beteiligung aller relevanten Gruppen – ggf. über Vertreter in einem Projekt- oder Strategieteam – ist für den Erfolg des Leitbildes in der Umsetzung von außerordentlicher Bedeutung.

Aussage 3:

> Bereits in der Initiierungsphase ist seitens der Beratung die Beteiligung der relevanten Anspruchs- und Interessengruppen zu klären. Dabei sind sowohl die Adressaten als auch der Geltungsbereich des Leitbildes zu bestimmen. Grundprinzip der Beratung ist das Primat einer partizipativen Entwicklung des Unternehmensleitbildes.

Unternehmen sind für sich als individuell und spezifisch zu begreifen. Standardisierte Prozessgestaltungen und/oder Leitbildvorlagen erscheinen hier obsolet. Vielmehr sind die Prozesse vor den Rahmengebungen des Unternehmens spezifisch aufzusetzen.

Aussage 4:

> Die Beratung der Leitbildentwicklung erfordert eine individuelle und spezifische Anpassung an das zu beratende Unternehmen. Diese wird bestimmt durch Rahmengebungen wie die Unternehmenskultur, die Unternehmensgeschichte, die Branche, die Unternehmensgröße, den Unternehmenszweck, die Rechtsform etc. Hilfreich für eine schnelle Erfassung der Unternehmenskultur für die Beratung können Typologien sein, wie sie in Kapitel 2.2.3 und 2.2.4 dargestellt wurden.

Für den Part der IST-Analyse gilt es aus der Beratung heraus neben so genannten harten Faktoren auch weiche Faktoren zu erfassen und im Prozess zu berücksichtigen (vgl. 2.2.1).

Neben der Erfassung von aktuellen Zahlenmaterialien, Planungen, Organigrammen, Richtlinien etc. sind in die Analyse auch Erhebungen zu Aspekten der Unternehmenskultur im Sinne der Artefakte nach Schein/Hatch einzubeziehen. Dies kann über eine strukturierte Beobachtung (bspw. nach den 7 S-Kriterien von Peters/Waterman) ebenso wie über Fragebögen oder Werteprofilerhebungen und gezielte Auswertungen erfolgen.

Aussage 5:

> Die Beratung muss zumindest in wesentlichen Teilen innerbetrieblich erfolgen. Eine wesentliche Grundlage für die Erfassung der Kultur ist eine wertschätzende Auseinandersetzung mit geäußerter interner und externer Kritik.

Leitbilder sind Teil der Unternehmenspolitik und finden ihre Operationalisierung in strategiebasierten Missionen.

Aussage 6:

> Für die Analyse im Vorfeld der Leitbilderstellung ist die Erhebung essentieller erfolgskritischer Komponenten aus der Geschäftstätigkeit wesentlich. Das Leitbild gilt es in der Beratung nach Funktions- und Hierarchiebereichen zu konkretisieren.

Die Analyse kann ganz oder in Teilen für die Erarbeitung in das Unternehmen verlagert werden und aus der Vorbereitung bspw. über Fragebögen wieder in den Beratungsprozess einbezogen werden. Diese Form entspricht einerseits einer partizipativen Gestaltung und kann darüber hinaus vor allem aus Kostengründen für den Klienten sinnvoll erscheinen. Es besteht allerdings die Gefahr subjektiv geprägter Einschätzungen. Diese wird ggf. über eine breite Beteiligung wiederum relativiert.

Aus der IST-Analyse gilt es, eine SOLL-Konzeption zu formulieren. Wie bereits für die IST-Analyse bieten sich hier Workshopformate an. Diese können Konferenzen mit wenigen bis sehr vielen Teilnehmern sein. Sie können aber auch für Projekt- oder Strategieteams konzipiert werden.

Aussage 7:

> Die SOLL-Konzeption wird im Rahmen von Workshops mit einem angemessenen Grad der Beteiligung relevanter Anspruchs- und Bezugsgruppen erarbeitet. Der Berater nimmt hierbei die spezielle Rolle des professionellen Moderators ein.

Für den Prozessschritt der Leitbildformulierung ist zu beachten, dass das Leitbild sich nicht ausschließlich an der SOLL-Konzeption orientiert sondern auch für alle Beteiligten anschlussfähig an die IST-Situation bleibt. Andernfalls besteht die Gefahr, dass das Leitbild keine unternehmensinterne Erdung erfährt und somit nicht angenommen wird. Eine tiefgreifende Verankerung findet ein Leitbild dabei über den Rückbezug auf grundlegende Werte und Annahmen der Mitglieder der Organisation.

Aussage 8:

> Die Leitbildformulierung erfolgt in einem iterativen Entscheidungsprozess zwischen Führungsinstanz, Projekt-/Strategieteam und ggf. Mitarbeitern sowie den betroffenen Organisationsmitgliedern und fußt auf den realen Gegebenheiten der gegenwärtigen Situation.

Bei der Leitbildformulierung schließlich sind einige wesentliche Faktoren zu berücksichtigen. Hunsdiek benennt hier die Punkte Allgemeingültigkeit, Langfristigkeit, Vollständigkeit, Umsetzbarkeit, Stimmigkeit und Klarheit.[150] Das Leitbild bezieht sich als unternehmenspolitischer Rahmen dabei auf das Gesamtunternehmen. Es hat eine situationsüberdauernde Gültigkeit – auch wenn es im Bedarfsfall an veränderte Anforderungen anzupassen ist. Es sollte alle internen wie externen Anspruchsgruppen des Unternehmens einbeziehen und die SOLL-Vorstellungen müssen realistisch bemessen und „[...] im Rahmen konkreter Maßnahmen und Projekte umsetzbar sein."[151] Graf/Spengler formulieren als Anforderungskatalog an ein Leitbild:

Aussage 9:

> „Leitbilder müssen 1. eine Vision [...] formulieren und damit die angestrebte Entwicklungsrichtung aufzeigen, [...]; 2. Ziele positiv formulieren und sich auf Stärken konzentrieren; 3. nicht Absichtserklärungen in Zukunftsform, sondern Aussagen in Gegenwartsform machen [...] 4. sich auf wesentliche Aussagen beschränken [...]; 5. Langfristig gültig sein, nicht nur für den Zeitpunkt der Erstellung; 6. Die Wahrheit sagen; 7. In ihren Inhalten aufeinander abgestimmt sein – sie dürfen sich nicht widersprechen; 8. In einer einfachen, verständlichen, bildhaft-anschaulichen und ‚zündenden' Sprache verfasst sein; 9. Aus der Organisation selbst kommen [...]; 10. Die Einzigartigkeit der Organisation ausdrücken, ihre ausgeprägte Kompetenz, wofür sie steht und was sie erreichen kann."[152]

---

[150] Vgl.: Hunsdiek, D.: 1996, S. 17 f.
[151] Hunsdiek, D.: 1996: S. 18.
[152] Graf, P.; Spengler, M.: 2008, S. 49.

Für die Implementierung des Leitbildes ist dieses adäquat an die Bezugs- und Anspruchsgruppen zu kommunizieren und die Umsetzung mit geeigneten Maßnahmen zu begleiten, um die Verankerung in der Organisation zu gewährleisten und die Rahmenbedingungen so zu gestalten, dass das Leitbild gelebt werden kann. Hieraus ergeben sich zusätzliche Beratungsansätze.

Aussage 10:

> *Der Beratungsprozess ist mit der Leitbildformulierung nicht abgeschlossen. Für die Implementierung in das Unternehmen und die laufende Fortschreibung des Leitbildes sind begleitende Maßnahmen erforderlich.*
>
> *Darüber hinaus ist die Umsetzung über ein unternehmensinternes Leitbildcontrolling aktiv zu gestalten. Für den Beratungsprozess der Leitbildentwicklung verbindlich sollte mindestens ein nachgelagerter Anschlussprozess zur Überprüfung der Wirksamkeit des Leitbildes sein.*
>
> *Die Leitbildformulierung ist generell Ausgangspunkt für weitere Beratungsangebote.*

Die Unternehmensberatung KPMG nennt hierzu acht Schritte, die zu einem wirkungsvollen Unternehmensleitbild führen:

„1. Übereinstimmung von Strategie und Unternehmensleitbild 2. Bewußtsein [sic] aufbauen und fördern 3. Beteiligung der Mitarbeiter 4. Abgleich von Leitbild und Unternehmensstruktur 5. Hierarchiespezifische Schulungen 6. Aufgabenspezifische Schulungen 7. Integritätsaspekte in die Personalauswahl und die Leistungsbeurteilung einbinden 8. Regelmäßiges Überprüfen der Wirksamkeit."[153]

Als Unternehmensberatung bietet die KPMG folgende für die Arbeit beispielhaft aufgeführte Leistungen an: „Analyse und Assesment bestehender Unternehmensleitbilder; Beratung und Begleitung des Entwicklungsprozesses bei Unternehmensleitbildern; Durchführung von Mitarbeiterbefragungen; Kultur-Check; Umsetzung von Unternehmensleitbildern; Trainingsmaßnahmen; Train-the-Trainer Seminare; Begleitung der Einrichtung eines Ethic-Office; Coaching von Ombudspersonen; Culture-Due-Dilligence; Kultur-Integrationsmanagement (KIM) nach Fusionen."[154]

---

[153] KPMG: 1999, S. 20.
[154] Ebenda: 1999, S. 21.

4 Kultur- und Kreativwirtschaft

Spätestens seit Mitte der 1990er Jahre hat sich eine intensive Debatte – national wie international – um einen neu definierten bzw. neu entstehenden Wirtschaftszweig entwickelt, der mit *creative industries, industries culturelles, arts and culture industries* oder *Kultur- und Kreativwirtschaft* bezeichnet wird. Dabei machen die unterschiedlichen Bezeichnungen schon deutlich, dass unterschiedliche Auffassungen darüber bestehen, was unter Kultur- und Kreativwirtschaft zu verstehen ist. Im Folgenden soll die Branche daher im Rahmen dieser Arbeit bestimmt und in wesentlichen Aspekten beschrieben werden.

4.1 Allgemeine Bedeutung der Kultur- und Kreativwirtschaft

Im Wesentlichen drei Indikatoren führen zu einem gesteigerten Interesse an der Branche: die wachsende Marktbedeutung (1), starke Einflüsse durch den technologischen Wandel (2) und die Identifikation der Branche selbst als ein wesentlicher Treiber für wirtschaftliche Entwicklungen, die sie über die Momente der Kreativität und Innovation für andere Branchen darstellt (3):

(1) Die Bedeutung des Wirtschaftszweiges belegen zahlreiche nationale und internationale Studien und Statistiken: Laut UNCTAD wuchs das Marktvolumen für Güter und Dienstleistungen in der Kultur- und Kreativwirtschaft im Zeitraum von 1996 bis 2005 von 227,4 Mrd. auf 424,4 Mrd. Dollar weltweit.[155] Dies entspricht einer annähernden Verdopplung des Weltmarktes in diesem Sektor. Laut EUROSTAT arbeiten in der europäischen Gemeinschaft insgesamt 4,9 Mio. Erwerbstätige im Kultur- und Kreativsektor.[156] Für Deutschland nennt das Forschungsgutachten Kultur- und Kreativwirtschaft der Bunderegierung 238.000 Unternehmen mit rund 763.000 abhängig Beschäftigten. Zusammen mit den Selbstständigen werden für Deutschland rund eine Million Erwerbstätige genannt.[157] Schätzungen ermitteln hier eine Bruttowertschöpfung von 61 Mrd. EUR in 2006. Dies entspricht einem Anteil von 2,6 % am deutschen Brutto-Inlands-Produkt und erreicht einen höheren Wert als bspw. die chemische Industrie (49 Mrd. EUR) oder die Energieversorgung (43 Mrd. EUR).[158]

---

[155] Vgl. Söndermann, Backes, Arndt, Brünink: 2009, S. 1.
[156] Vgl. ebenda: 2009, S. 2.
[157] Vgl. ebenda: 2009, S. 46.
[158] Vgl. ebenda: 2009, S. 51.

(2) Technologieentwicklungen forcieren aktuell starke wirtschaftliche Umbrüche, von denen besonders auch die Kultur- und Kreativwirtschaft zunehmend erfasst wird.[159] Die Digitalisierung und Computerisierung „[...] gilt als zentraler wirtschaftlicher Treiber für die kulturelle und kreative Inhalteproduktion."[160] Diese Treiberfunktion belegt bspw. Anderson in seinem Theorem des *Long Tail*. Mit *Long Tail* umschreibt er das durch die Entwicklungen der Digitalisierung entstehende Phänomen des Wandels von der ausschließlichen Hitkultur hin zur Ausweitung um eine ausgeprägte Nischenkultur. „Ein Long Tail ist nichts anderes als Kultur, die nicht von wirtschaftlichen Einschränkungen beeinflusst wird."[161] Er nennt drei wesentliche Wirkmechanismen für das Entstehen eines Long Tail: die *Demokratisierung der Produktionsmittel*, die *Demokratisierung der Vertriebsmittel* und *die Verbindung von Angebot und Nachfrage*.[162] Kultur- und Kreativgüter werden durch den Wegfall technischer, finanzieller und logistischer Barrieren zunehmend leichter produzier-, reproduzier- und vermarktbar. War bisher die Hitproduktion – gekennzeichnet durch einen schnellen Massenabsatz – zur Refinanzierung erforderlich, so ist es nunmehr möglich über eine Vielzahl spezialisierter Interessenangebote über einen langen Zeitraum gerechnet wirtschaftlich erfolgreich zu sein. Ursache der Entwicklung sind im Wesentlichen die Digitalisierung, Miniaturisierung und ubiquitäre Verfügbarkeit/Mobilisierung besonders der Betriebsmittel, der Lagerung bzw. Logistik sowie des Vertriebes.

(3) Die Kultur- und Kreativwirtschaft wird über die Produktion von Inhalten zunehmend als ein eigenständiger Wirtschaftsfaktor für Innovation und Erfolg identifiziert. Mit dem Begriff der *culture-based creativity* wird ein Konzept einer auf Kultur aufbauenden Kreativität entworfen, die ihren primären Ursprung in der Kunst- und Kulturproduktion hat. Diese geht über die Verknüpfung von kreativen Inhalten mit der verstärkten Nutzung von Breitband-Netzwerken, Computern und IT-Equipment hinaus. Culture-based creativity wird als wichtiges Mittel zur Überwindung von Normen und Konventionen gesehen. Sie trägt dazu bei, „[...] sich inmitten eines immer intensiver werdenden wirtschaftlichen Wettbewerbes ein Alleinstellungsmerkmal zu verschaffen. Kreative und Künstler sind in diesem Prozess Schlüsselfiguren, da sie Ideen, Me-

---

[159] Vgl. Mayer, M.: 2007, S. 52 ff.
[160] Söndermann, Backes, Arndt, Brünink: 2009, S. 1.
[161] Anderson, C.: 2006, S. 62.
[162] Vgl. ebenda: 2006, S. 63 ff.

taphern und Botschaften entwickeln, welche zu stärkerer sozialer Vernetzung und vermehrtem Erfahrungsaustausch beitragen."[163]

4.2 Kultur- und Kreativwirtschaft im internationalen Kontext

Es existieren vielfältige Blickwinkel und Bestimmungsansätze, wie die Kultur- und Kreativwirtschaft zu fassen und gegenüber anderen Wirtschaftszweigen abzugrenzen ist. Die Unterschiedlichkeit wird durch nationale Aspekte, durch Zweckbestimmungen der Untersuchungen und durch allgemein philosophische Betrachtungsweisen bestimmt. Im Folgenden soll über die Darstellung exemplarischer Ansätze eine erste Annäherung versucht werden.

4.2.1 Creative Class und Creative Economy

Den wohl weitest gespannten Begriff prägt Richard Florida mit *creative class*. Florida folgt Peter Drucker, der den Begriff der *Wissensgesellschaft* entscheidend prägte. „The basic economic resources – the ‚means of production', to use the economist's term is no longer capital, nor natural resources [...] nor ‚labor'. It is and will be knowledge."[164] Florida definiert Wissen und Information mit Handwerkszeug und Material für Kreativität und formuliert: „Innovation, whether in the form of a new technological artifact or a new business model or method is its product."[165]

Mit dieser Sichtweise bleibt eine Abgrenzung eines konkreten Wirtschaftsbereiches äußerst unscharf. Enger definiert John Howkins die *Creative Economy*. Er legt seinen Untersuchungen die Produktion von intellectual properties wie Patente, Copyrights, Trademarks und Proprietary Designs zu Grunde. Auf dieser Basis definiert er „[...] 15 industries where creativity is the most important raw resource and the most valuable economic product."[166] Hierzu zählt er: Werbung, Architektur, Kunst, Kunstgewerbe, Design, Mode, Film, Musik, Darstellende Kunst, Verlagswesen, R&D, Software, Spielzeug und Spiele, TV/Radio, Video-Games.[167]

---

[163] KEA-Studie: 2009, S. 4.
[164] Peter Drucker: *Post-Capitalist Society*. Harper Business, New York 1993. in: Florida, R.: 2002, S. 44.
[165] Florida, R.: 2002, S. 44.
[166] Howkins, J.: 2007, S. 84.
[167] Vgl. ebenda: 2007, S. 123.

1.1.1. Culture & Creative Industries

Verschiedene Ansätze unterscheiden in solche Sparten, die der Kultur- und solche, die der Kreativwirtschaft zuzuordnen sind. So fasst die UNESCO unter Kreativwirtschaft die Bereiche, „[...] in which the product or service contains a substantial element of artistic or creative endeavour [...]"[168] und nennt konkret: „[...] printing/publishing and multimedia/audiovisual, phonographic and cinematographic productions/crafts and design/architecture/-advertising."[169] Die OECD segmentiert in die Bereiche *core of cultural activities* (live performance, plastic art, architectural heritage, cinema), *cultural industries* (audiovisual productions, records and discs, books) sowie *creative industries* (design objects, fashion, musical instruments, architecture, video games, advertising).[170]

Das so genannte Singapore Model of Creative Industries (vgl. Abbildung 13) hebt auf die Schnittstelle zwischen künstlerischer Kreativität, Unternehmertum und technologischer Innovation ab. Das Modell benennt „[...] those industries which have their origin in individual creativity, skill and talent and which have a potential for wealth and job creation through the generation and exploitation of intellectual property."[171] Hier werden die Cultural Industries als Teilmenge der Creative Industries und diese wiederum als Teilmenge der Copyright Industries unterschieden.

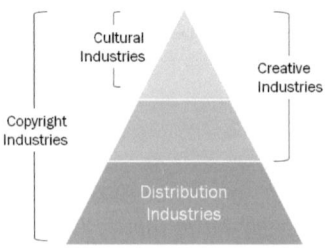

Abb.13: Singapore Model of Creative Industries
Quelle: Eigene Darstellung nach Weckerle/Gerig/Söndermann 2008, S. 16.

---

[168] UNESCO: *Convention on the Protection and Promotion of the Diversity of Cultural Expression*. 2005. in: Weckerle, Gerig, Söndermann: 2008, S. 10.
[169] UNESCO: *Convention on the Protection and Promotion of the Diversity of Cultural Expression*. 2005. in: Weckerle, Gerig, Söndermann: 2008, S. 10 f.
[170] Vgl.: ebenda, S. 13.
[171] Ministry of Trade and Industry: *Economic Contributions of Singapore's Creative Industries*. 2003. In: Weckerle, Gerig, Söndermann: 2008, S. 16.

Das Département des Études, de la Prospective et des Statistiques (DEPS) grenzt für Frankreich die Bereiche *Industries culturelles* (Kino/Video, Radio/TV, Verlagswesen, Musikwirtschaft), *Industries Créatives* (Design, Multimedia/Games, Architektur, Mode, Fotografie, Kunstgewerbe, Darstellende Kunst) sowie *activités economiques liées* (Tourismus, Gallerien, Museen) voneinander ab. Verbindendes Element des Kerns sind dabei die „[...] immateriellen Komponenten der entsprechenden Güter und Dienstleistungen (‚copyright-based-industries')."[172]

Das 5-Schichten-Modell der britischen Regierung, ordnet und gewichtet wirtschaftliche Aktivitäten der einzelnen Kulturbranchen nach ihrer Bedeutung für den schöpferischen Akt bzw. den kreativen Kern.[173] Verbindendes Merkmal ist auch hier der Urheberrechtsschutz. Kultur wird dabei konstitutiv für die Erstellung von Gütern oder Dienstleistungen gesehen, die konsumiert, vervielfältigt, verbreitet oder exportiert werden können. Abgegrenzt wird über die Ergänzung der Sparten Design, Werbung und Architektur insofern, als diese der Kreativwirtschaft zugeordnet werden und hier einen Input zur Erstellung nichtkultureller Güter in anderen Wirtschaftszweigen leisten.[174]

Weckerle et al. versuchen die genannten Ansätze in drei Schwerpunktbildungen zu systematisieren. Hieraus entstehen drei Perspektiven mit unterschiedlichen Branchenbereichen:[175]

- Kunst/Kultur als Branche (Musikwirtschaft, Buchmarkt, Kunstmarkt, Filmwirtschaft, darstellende Kunst, Design, Architektur)
- Kreativbranchen (Software, Computer, Design, Druck, Rundfunk, Musik, Film, und Video, Kunst, Werbung, Architektur, Games, Mode, bildende Kunst, Kunsthandwerk)
- Kreativität in der Wirtschaft (Copyright-Industrien, Patentindustrien, Trademark und Designmusterindustrien).

Die Darstellung der unterschiedlichen Sichtweisen zeigt, dass eine einheitliche Definition, welche Teilbereiche der Kultur- und Kreativbranche zuzuordnen sind, im internationalen Kontext nicht existiert. Vielmehr wird offenbar, dass es sich bei diesem Wirtschaftszweig eher um eine Querschnittsbranche handelt. Vergleichbar bspw. mit der Medienbranche sind auch anders verortete Wirtschaftszweige berührt. Dabei bildet besonders die Medienbranche

---

[172] Weckerle, Gerig, Söndermann: 2008, S.18.
[173] Vgl. Söndermann, Backes, Arndt, Brünink: 2009, S. 32.
[174] Vgl. Ertel, Gaulhofer, Haselbach: 2007, S. 18.
[175] Vgl.: Weckerle, Gerig, Söndermann: 2008, S. 22.

wiederum über die Inhalteproduktion einen bedeutenden Part der der Kultur- und Kreativbranche zugeschriebenen Sparten. Für die weitere Arbeit erscheint es erforderlich, die Branche eindeutiger zu fassen.

Hierzu soll im Folgenden auf die in der Bundesrepublik Deutschland vereinbarte Definition aufgesetzt werden, um im Anschluss eine genauere Bestimmung und beschreibende Eingrenzung der Branche zu fokussieren.

4.3 Definition Kultur- und Kreativwirtschaft

Seit den 1980er Jahren werden in der Bundesrepublik Deutschland mittlerweile in nahezu allen Bundesländern Kulturwirtschaftsberichte erstellt. Die Berichte verfolgen den grundsätzlichen Zweck eines Analyse- und Planungsinstrumentes für die Ministerien und beschäftigen sich im Wesentlichen mit der Frage, „[...] welche wirtschaftlichen Potenziale die Kulturwirtschaftsbranchen in der jeweiligen Landesregion aufweisen."[176] Die Berichte zielen dabei vor allem auf die Erhebung von statistischem Material. Aus der Heterogenität der föderalen Einzelsichtweisen und der diversen Methodiken fußten die Berichte allerdings auf unterschiedlichen Definitionen und Abgrenzungen und machten eine Vergleichbarkeit problematisch.

Die Wirtschaftsministerkonferenz der Bundesrepublik Deutschland vereinbarte daher im Jahr 2008 im Zusammenhang der Erstellung eines Erhebungsleitfadens eine verbindliche Definition zum Begriff der Kultur- und Kreativwirtschaft. Diese Definition wurde Grundlage für das Forschungsgutachten Kultur- und Kreativwirtschaft der Bundesregierung:

> „Unter Kultur- und Kreativwirtschaft werden diejenigen Kultur- und Kreativunternehmen erfasst, welche überwiegend erwerbswirtschaftlich orientiert sind und sich mit der Schaffung, Produktion, Verteilung und/oder medialen Verbreitung von kulturellen/kreativen Gütern und Dienstleistungen befassen."[177]

Einzelne wesentliche Merkmale dieser Definition sollen zur näheren Bestimmung im Folgenden vertieft werden.

4.3.1 Erwerbswirtschaftliche Orientierung

Die Definition stellt eine *überwiegend erwerbswirtschaftliche Orientierung* heraus. Auf diese Weise wird eine Abgrenzung zu nicht-marktwirtschaftlichen Unternehmen vorgenommen. Demnach werden all jene Unternehmen, Einrichtungen oder sonstigen vereinsartigen Formen, die sich weitgehend nicht durch den Markt finanzieren, sondern durch öffentliche Finanzierungen ge-

---

[176] Söndermann, Backes, Arndt, Brünink: 2009, S. 8.
[177] Söndermann, M.: 2009, S. 5.

tragen, durch Gebührenfinanzierung unterhalten oder durch gemeinnützige Gelder bzw. private Geldgeber gefördert werden ausgeschlossen. Eingeschlossen sind dagegen alle Unternehmen, „[...] die sich über den Markt finanzieren, die mehrwertsteuerpflichtig sind oder ganz einfach, die mit Kunst, Kultur und Kreativität Geld verdienen wollen."[178] Mit der Formulierung ‚überwiegend' wird deutlich, dass nicht ausschließlich entweder eine marktwirtschaftliche oder eine nicht-marktwirtschaftliche Orientierung festzustellen ist sondern außerdem eine Menge an Unternehmen und Unternehmern existieren, die sowohl als auch markt- wie nicht-marktwirtschaftlich agieren. Diese Sichtweise greift das *Schweizer 3-Sektoren Modell*[179] auf. Dieses unterscheidet in einen öffentlichen Sektor, einen intermediären Sektor und einen privatwirtschaftlichen Sektor. Die Definition der Wirtschaftsministerkonferenz bestimmt die Kultur- und Kreativwirtschaft allerdings eindeutig dem privaten Sektor zugehörig und lässt dabei Übergänge zum intermediären Sektor zu. Die Durchlässigkeit der drei Sektoren wird durch eine Matrix (vgl. Abbildung 14) aus den Achsen ‚Handlungsleitendes Motiv' und ‚Selbstwirtschaftungsgrad/Rendite' veranschaulicht.[180]

Abb.14: Matrix kulturwirtschaftlicher Tätigkeitsarten
Quelle: Deutscher Bundestag Drucksache 16/700: 2007, S. 345.

---

[178] Söndermann, Backes, Arndt, Brünink: 2009, S. 22.
[179] Vgl. Weckerle, Gerig, Söndermann: 2008, S. 28.
[180] Vgl. Deutscher Bundestag Drucksache 16/700: 2007, S. 345.

4.3.2 Kulturelles/kreatives Gut

Näher zu bestimmen ist der Begriff des kulturellen/kreativen Gutes. Die Enquete-Kommission ‚Kultur in Deutschland' führt hierzu den Begriff des *schöpferischen Aktes* ein: „Es bleibt zu betonen, dass im Mittelpunkt der Kulturwirtschaft nicht der Beruf, sondern dessen Ausübung steht, also der schöpferische Akt der künstlerisch und kreativ Tätigen [...]"[181], „Der verbindende Kern jeder kultur- und kreativwirtschaftlichen Aktivität ist der schöpferische Akt von künstlerischen, literarischen, kulturellen, musischen, architektonischen oder kreativen Inhalten, Werken, Produkten, Produktionen oder Dienstleistungen."[182]

Es wird somit die Ausübung des Berufes vom Beruf selbst unterschieden. Merkmale für schöpferische Akte können dabei im umfassenden Sinne sowohl Urheberrechte (Patente, Marken, Urheberrechte etc.) als auch Leistungsschutzrechte (bspw. bei ausübenden Künstlern) sein. Diese Annäherung kommt bspw. dem in Kapitel 4.2.2 bereits vorgestellten Singapore Model of Creative Industries nahe, das im Wesentlichen auf den alles umfassenden Aspekt der *copyright industries* abhebt.[183] Die ebenfalls genannten Ansätze bspw. von Florida erscheinen als zu unkonkret und bergen die Gefahr der Beliebigkeit. Es ist jedoch auch in Anbetracht der Darstellung anderer Ansätze wie dem von Florida zu konstatieren, dass der *schöpferische Akt* allein nur ein Ansatzpunkt ist, der einer Konkretisierung bedarf. Dies wird im bundesdeutschen Ansatz – wie in anderen Ländern auch – über die Definition von Sparten geleistet.

4.3.3 Branchensparten

Entsprechend der Vorlagen durch die Enquete-Kommission des deutschen Bundestages zur Kultur in Deutschland wurden durch die Wirtschaftsministerkonferenz Kernbranchen festgelegt, die zur Kultur- und Kreativwirtschaft gezählt werden. Dabei wird auch hier in Kulturbereiche und Kreativbreiche unterschieden. Insgesamt werden elf Teilmärkte benannt, von denen mit der Musikwirtschaft, dem Buchmarkt, dem Kunstmarkt, der Filmwirtschaft, der Rundfunkwirtschaft, der Darstellenden Kunst, der Designwirtschaft, dem Architekturmarkt und dem Pressemarkt neun Teilmärkte der Kulturwirtschaft und als weitere zwei Teilmärkte der Werbemarkt sowie Software/Games der Kreativwirtschaft zugeordnet werden. Diese Teilmärkte bleiben insgesamt weiterhin heterogen. Als verbindendes Element kann hier

---

[181] Ebenda: 2007, S. 348.
[182] Söndermann, Backes, Arndt, Brünink: 2009, S. 25.
[183] Vgl. Fesel, Söndermann: 2007, S. 15.

allerdings – dem Postulat des schöpferischen Aktes folgend und diesen konkretisierend – ein gegebener ästhetischer Kern oder Bezug destilliert werden.

4.3.4 Wertschöpfungskette

Die Definition der Wirtschaftsministerkonferenz weist neben der Schaffung und Produktion auch den Bereich der Distribution von kulturellen/kreativen Gütern aus. Damit wird auf eine kulturelle Wertschöpfungskette abgehoben. Ein entsprechendes lineares Modell wird durch die Enquete-Kommission vorgelegt (vgl. Abbildung 15). „Eine Zerlegung des Wertschöpfungsprozesses in seine einzelnen Stufen ermöglicht ... eine tiefergehende Betrachtung der Art und Weise, wie unterschiedliche Personen und/oder Unternehmen in die Entstehung eines kulturellen Gutes einbezogen werden."[184]

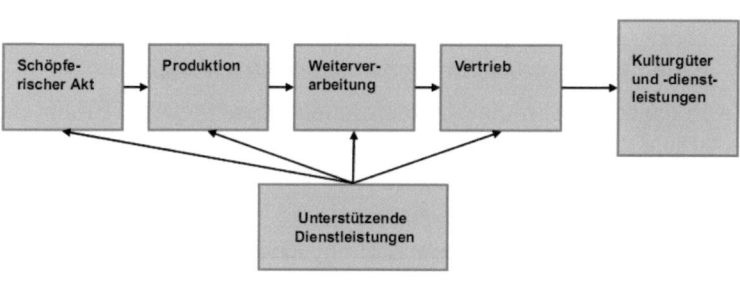

Abb.15: Die kulturelle Wertschöpfungskette
Quelle: Deutscher Bundestag Drucksache 16/700: 2007, S. 347.

Mit dieser Sichtweise gelingt es, aus der horizontalen Gesamtsicht der Branchensegmentierung eine vertikale Differenzierung der einzelnen Branchensegmente selbst vorzunehmen.

4.3.5 Bestimmungsmerkmal Unternehmensgröße

Abgeleitet aus den statistischen Erhebungen wird der Wirtschaftszweig der Kultur- und Kreativwirtschaft strukturell in drei idealtypische Klassen an Unternehmensgrößen gegliedert und beschrieben.

(1) Der Typus *Kleinstunternehmen* umfasst Künstler-, Kultur- und Kreativberufe in freiberuflicher Tätigkeit oder als selbstständige Unterneh-

---

[184] Deutscher Bundestag Drucksache 16/700: 2007, S. 347.

mer. Als Organisationsform weisen die Büros, Ateliers, Agenturen oder Kleinbetriebe i. d. R. den Einzelunternehmer, die GbR oder ein loses Netzwerk aus. Produkte sind Prototypen der Kultur- und Kreativwirtschaft, die Arbeitsweise ist vornehmlich experimentell.

(2) Der Typus *klein- und mittelständische Unternehmen* wird als Rückgrat der Kultur- und Kreativwirtschaft bezeichnet.[185] Die gängige Rechtsform ist die GmbH, die Unternehmen sind meist etabliert und arbeiten in normierten Prozessstrukturen. Im Unterschied zum ersten Typus gewinnen hier Prinzipien wie Stabilität, Langfristigkeit oder Zuverlässigkeit an Gewicht. Überschaubare Produkte und Dienstleistungen prägen die Produktion.

(3) Zum Typus *Großunternehmen* zählen sogenannte Majors oder Konzerne. Sie nehmen im Wesentlichen die Leistungen der Kulturwirtschaft auf und vermarkten sie weltweit. Diese Unternehmen sind etabliert. Vertraute Geschäftsmodelle zeichnen sie ebenso wie auf Standards basierende Reproduktionen und eine globale Vermarktung aus. Die Refinanzierungsstrategie hat eine ungleich erheblichere Bedeutung für diesen Typus als für die beiden erstgenannten Akteure.

Eine Studie der Universität Hildesheim stellt Charakteristiken heraus, die für die Akteure der im Besonderen auf der Ebene der Kleinst- und Einzelunternehmer typisch sein sollen:[186]

Die Unternehmen sind mehrheitlich in der Rechtsform des Einzelunternehmers bzw. in der Rechtsform der GbR organisiert, da hier kein Eigenkapital erforderlich ist und die ordnungsrechtlichen Auflagen minimal sind. Die Mehrheit der Unternehmen beschäftigt keine Angestellten, arbeiten aber temporär mit weiteren Mitarbeitern und in Netzwerken. Unabhängigkeit und Selbstverwirklichung sind zentrale Motive der Selbstständigkeit. Der weit überwiegende Teil der Kulturunternehmer verfügt über mindestens einen Hochschulabschluss. Wenige davon weisen dabei eine zusätzliche wirtschaftliche Ausbildung auf. Das Startkapital der Mehrzahl der Unternehmen beträgt weniger als fünftausend Euro. Als zentrale Faktoren werden die Unternehmerpersönlichkeit und gute Kontakte angesehen. Mehrheitlich reichen die Einkünfte für den Lebensunterhalt. Mehrheitlich verfügen die Unternehmer über mehrere kontinuierliche Auftraggeber. Empfehlung gilt als häufigste Form der Akquisition. Die Mehrheit verfügt nicht über eine ausformulierte Marketingstrategie. Zentrale Erfolgskriterien sind Durchhaltevermögen, ein klares und überzeugendes Profil, Begeisterung und hohe Mo-

---

[185] Vgl. Söndermann, Backes, Arndt, Brünink: 2009, S. 28.
[186] Vgl.: Mandel: 2007, S. 66 ff.

tivation. Es werden diverse Wege der Beratung und Weiterbildung genutzt. Je höher das Startkapital, desto eher wird professionelle Beratung in Anspruch genommen.

Diese über eine Befragung ermittelten Charakteristiken stellen bereits wesentliche Elemente der Organisation und Steuerung heraus.

4.3.6 Bestimmungsmerkmal Organisation und Steuerung

Lange et al. belegen im Besonderen die Kreativwirtschaft mit einer Organisationspraxis aus der ein „[...] neuer, zweifelsohne vielschichtiger Modus der Ökonomie aufkeimt, in dem grundsätzlich andere Werte, Verfahrensweisen und wirtschaftliche Strategien zu erkennen [...]"[187] sind. Sie benennen acht Merkmale, die für die Steuerungs- und Organisationspraxis typisch erscheinen[188]:

(1) *Arbeit in Netzwerken und Schwärmen*: Neue – meist informelle – Netzwerke bündeln kollektive Ressourcen und gewährleisten gleichzeitig die Individualität und Autonomie des Einzelnen

(2) *Unvollständige Akteure*: Die Selbstdefinition erfolgt in Bezug auf Andere. „Der relationale Charakter ist in kreativen Ökonomien als Wesensmerkmal eingeschrieben [...] Lebensweltliche Interaktionsformen (Coworking Space) in Kombination mit Peering-Modellen (kostenneutraler Datenaustausch [...]) gewinnen an Bedeutung."[189]

(3) *Schnittstellenkompetenz*: „Kreative Akteure arbeiten wechselseitig an den Rändern etablierter Disziplinen [...]"[190]

(4) *Nischenorientierung und Spezialistentum*: Durch geringe Transaktionskosten – bedingt durch moderne Informationstechnologien – ist das Risiko minimiert und es wird möglich, Ideen und Nischen zu besetzen.

(5) *Sozialer und kultureller Mehrwert*: Den Akteuren wird „[...] eine deutlich wertorientierte und von Nachhaltigkeit geprägte Haltung zu wirtschaftlichem Handeln [...]"[191] zugeschrieben.

(6) *Strategien der Bricolage und des kulturellen Hackings*: Die Akteure entwickeln „[...] situative, von Improvisation und Intervention geprägte

---

[187] Lange, Kalandides, Stöber, Wellmann: 2009, S. 326.
[188] Vgl. ebenda: 2009, S. 326 f.
[189] Lange, Kalandides, Stöber, Wellmann: S. 327.
[190] Ebenda: S. 327.
[191] Ebenda: S. 327.

Strategien, die Ihnen Selbstermächtigung ermöglichen und bestehende Ordnungen laufend in Frage stellen."[192]

(7) *Zeitalter der Konnektivität und Kooperation*: Kooperative und heterarchische Handlungsansätze und Organisationszusammenhänge lösen auf Repräsentation und Hierarchie abgestellt Strukturen ab.

(8) *Raumrelevanz*: Städte und Metropolregionen gewinnen als Netzwerkräume an Bedeutung.

4.3.7 Bestimmungsmerkmal Unternehmer/Entrepreneur

Mandel extrahiert auf der Basis eine Studie der Universität Hildesheim zentrale Charakteristika, die für Kulturunternehmer des Segmentes Kleinst- und Kleinunternehmer typisch sein sollen:[193]

Streben nach Unabhängigkeit und Selbstverwirklichung als wesentliche Motive und Auslöser für Gründungen von Kulturunternehmen; Nischen, Marktlücken, Innovationen als bevorzugte Betätigungsfelder und Geschäftsideen; Geringe Kapitalausstattung, Kleine Unternehmen – große Netzwerke; Hohes Ausbildungs- und Qualifikationsniveau; das Unternehmen als Lebensprojekt – Verwischen der Grenze zwischen Arbeit und Leben: Für Kulturunternehmer verwischen sich die Konturen von Beruf und Privatleben zeitlich wie räumlich. Oft ist das Büro die eigene Wohnung, Arbeitszeiten sind gleichzeitig Lebenszeiten. Dies gilt im Besonderen, wenn die Realisierung eigener Visionen im Vordergrund steht. Die Verwirklichung der Visionen gilt als Maßstab für den Erfolg: Für Kulturunternehmer sind betriebswirtschaftliche Kategorien wie Umsatz und Gewinn oder Beschäftigtenzahlen in der Erfolgsmessung eher irrelevant. „Während Wirtschaftsunternehmen in der Wettbewerbswirtschaft durch die Verkürzung von Produktionszyklen, Zunahme der Rationalisierung und durch steigende Auflagengrößen gekennzeichnet sind, sind in Kulturbetrieben ganz andere, zum Teil gegensätzliche Charakteristika entscheidend. Hierzu gehören das offene Experimentieren mit dem Risiko des Scheiterns, Überlagerung von kurz-, mittel- und langfristigen Zyklen (Moden), Ausschluss der Rationalisierung, d. h. der Substitution personaler durch maschinelle Arbeit, Maximierung der Variation ohne Rücksicht auf Reproduzierbarkeit, Verzicht auf kurzfristige Erfolgsbewertung durch Monetarisierung. [...] Künstlerische Prozesse sind Ausnahmeprozesse, Kunstbetrieb sind regelmäßig gekennzeichnet durch Unsicherheit der Er-

---

[192] Ebenda: S. 327.
[193] Vgl, Mandel: 2007, S. 37 ff.

gebniserzielung, Risiko der Ergebnisakzeptanz, Nichtrechenhaftigkeit der Ergebnisse."[194]

Konrad charakterisiert in einer empirischen Untersuchung den Kulturunternehmer anhand von Hypothesen, die die Beziehung von Unternehmertum und Unternehmenserfolg für Kulturbetriebe beschreiben: „Je stärker die unternehmerischen Elemente im Leistungsbeitrag des Kultur-Unternehmers ausgeprägt sind, umso größer und nachhaltiger ist der Erfolg seines Kulturbetriebes. Mit zunehmender Qualität des Beziehungsportfolios des Kultur-Unternehmers steigt der Erfolg seines Kulturbetriebes. Je unternehmerischer und marktorientierter die Organisationskultur ausgeprägt ist, umso höher fällt der Erfolg des Kulturbetriebes aus. Je stärker die unternehmerischen Elemente im Leistungsbeitrag des Kultur-Unternehmers ausgeprägt sind, umso besser ist die Qualität seines Beziehungsportfolios. Mit zunehmendem unternehmerischem Leistungsbeitrag des Kultur-Unternehmers steigt die Ausprägung der unternehmerisch-marktorientierten Organisationskultur seines Kulturbetriebes. Je stärker die Sozialkompetenz des Kultur-Unternehmers ausgeprägt ist, umso positiver wirkt sich dies auf den unternehmerischen Leistungsbeitrag des Kultur-Unternehmers aus. Je höher das Kulturwissen des Kultur-Unternehmers ausgeprägt ist, umso positiver wirkt sich dies auf den unternehmerischen Leistungsbeitrag des Kultur-Unternehmers aus. Je größer die betriebswirtschaftlichen Kenntnisse des Kultur-Unternehmers sind, umso positiver wirkt sich dies auf den unternehmerischen Leistungsbeitrag des Kultur-Unternehmers aus. Je ausgeprägter die unternehmerische Motivation des Kultur-Unternehmers ist, umso positiver wirkt sich dies auf den unternehmerischen Leistungsbeitrag des Kultur-Unternehmers aus."[195]

Die Untersuchung bestätigt, dass privatwirtschaftliche Kulturbetriebe in einem Netzwerk aus verschiedenen Beziehungen agieren wobei erfolgreiche Kultur-Unternehmer genau dieses suchen, unterhalten und pflegen. Die Netzwerke sind Voraussetzung für ein flexibles Verhalten auf Umwelteinflüsse. Netzwerkorientierte und beziehungsbezogene Tätigkeiten werden in der Studie als bedeutender Teil der Kulturarbeit unterstrichen.

---

[194] Ortner, Gerhard.: *Kulturbetriebslehre. Konturen einer Theorie von Kulturmanagement und Kulturverwaltung.* In: Fuchs, Max (Hg.): Zur Theorie des Kulturmanagements. Remscheid 1993. Zitiert aus: Mandel, B.: 2007, S. 53.

[195] Konrad: 2006, S. 35 ff.

Ferner wird herausgestellt, dass vor allem vor dem Hintergrund der Betriebsgrößen dem Kulturunternehmer eine herausragende Rolle als Netzwerkknoten beigemessen werden muss.[196]

Neben der Funktion des Beziehungs- und Netzwerkmanagers kommt aus demselben Grund dem unternehmerischen Leistungsbeitrag des Kultur-Unternehmers eine zentrale Bedeutung zu. Er hat im Besonderen „[...] starken Einfluss auf die Ausprägung und das Ausmaß der Organisationskultur."[197] Eine auf Unternehmertum und Marktorientierung ausgerichtete Organisationskultur wiederum hat starken Einfluss auf den Erfolg des Kulturbetriebes.

Schließlich wird herausgestellt, dass unternehmerisches Verhalten und unternehmerische Fähigkeiten zentrale Schlüsselkompetenzen auch für den Erfolg von Kultur-Unternehmen und Kulturbetrieben sind.[198]

4.4 Zusammenfassung und Schlussfolgerungen für die Leitbildberatung

Im Folgenden werden aus den Merkmalen und Charakteristiken zur Kultur- und Kreativwirtschaft wesentliche Schlussfolgerungen für den Beratungsprozess zur Leitbildentwicklung in Unternehmen der Branche zusammengefasst.

- Die Branche Kultur- und Kreativwirtschaft umfasst nach Beschäftigungszahlen und Umsätzen einen Markt, der für die Erschließung durch die Beratung generell interessant erscheint.

- Bei Unternehmen der Kultur- und Kreativwirtschaft handelt es sich im engeren Sinne um Wirtschaftsunternehmen, die überwiegend erwerbswirtschaftlich agieren. Im weiteren Sinne werden damit auch solche Unternehmen erfasst, die sowohl erwerbswirtschaftlich als auch öffentlich finanziert sind. Diese Unterscheidung ist für die Leitbildberatung von nachrangiger Bedeutung, da auch für Unternehmen und/oder Organisationen, die nicht überwiegend erwerbswirtschaftlich orientiert sind gilt, dass sie einer strategischen Ausrichtung und Führung bedürfen.

- Eine Leitbildentwicklung stiftet für Unternehmen der Kultur- und Kreativwirtschaft in gleicher Weise einen Nutzen im Sinne einer Verbesserung der Überlebensfähigkeit und/oder der Ertrags- bzw.

---

[196] Vgl. Konrad: 2006, S. 46.
[197] Ebenda: 2006, S. 46.
[198] Vgl. ebenda: 2006, S. 47.

Kostensituation, wie sie es für Unternehmen anderer Branchen leistet.

- Den Unternehmen der Kultur- und Kreativbranche ist gemein, dass ihre Geschäftsaktivitäten sich im Wesentlichen auf Copyrights, Urheberrechte, Leistungs- und Markenschutzrechte beziehen. Dabei gruppieren sich die Unternehmen längs der Wertschöpfungskette von der Kreation über die Produktion bis zur Distribution. Kern der Geschäftstätigkeit ist dabei ein schöpferisches, immaterielles Wirtschaftsgut.

- Die Branche ist inhaltlich wie größenmäßig äußerst heterogen gestaltet. ‚Das' Kulturunternehmen gibt es nicht. Den Großteil der Branche (Unternehmensanzahl) machen dabei Kleinst- und Kleinunternehmer sowie kleine und mittlere Unternehmen aus. Die Kleinst- bis Kleinunternehmer kennzeichnet ein geringes Startkapital. Sie sind zu einem wesentlichen Teil als GbR organisiert und funktionieren im Besonderen über Kollaborationen in Netzwerken. Unabhängigkeit und Selbstverwirklichung sind zentrale Motive der Selbstständigkeit.

- Je höher das Startkapital, desto eher besteht Bereitschaft für eine professionelle Beratung. Je umsatzstärker die Unternehmen sind, desto eher scheinen sie für die Beratung attraktiv. Es gilt Beratungskonzepte und –angebote für die Branche zu erarbeiten, die für sie ökonomisch vertretbar sind.

- Bei der Mehrzahl der Unternehmen existieren keine ausformulierten Strategien. Hieraus ergibt sich ein gesteigerter Beratungsbedarf.

- Die Handlungsmotivation ist bei den Akteuren durch eine deutlich werteorientierte Haltung geprägt. Gleichwohl gelten unternehmerisches Verhalten und unternehmerische Fähigkeiten als Schlüsselkompetenzen für den Erfolg.

- Erfolgsgarant ist der Kultur-Unternehmer – der Erfolg der Unternehmen ist wesentlich bestimmt durch die Unternehmerpersönlichkeit, seine Kommunikationsfähigkeit, sein Kulturwissen und seine betriebswirtschaftlichen Kenntnisse.

Für den Beratungsansatz einer Leitbildentwicklung werden im Folgenden zudem abgeleitet:

- Der Beratungsprozess ist vor dem Hintergrund der (für die Mehrzahl der Unternehmen schwachen) ökonomischen Bedingungen des Klienten zu konzipieren.
- Auftraggeber ist in der Regel der Kultur-Unternehmer. In den Prozess sind ggf. nur wenige Personen involviert. Der Partizipationsansatz ist bei gegebenen offenen und intensiven Kommunikationsstrukturen in der Regel unabdingbar.
- Die Akzeptanz des Beraters wird im Wesentlichen von seiner Kompetenz im Kulturbereich bzw. in Branchen der Creative-Industries abhängen.
- Für den Beratungsprozess wird es entscheidend sein, eine gemeinsame Sprache zu sprechen.
- Für die Beratung verwischen sich ggf. die Grenzen zwischen Coaching und Beratung.

5 Praxisbeispiel

Die Erkenntnisse wurden an einem Praxisprojekt verprobt. Hierfür wurde ein für den Kulturbetrieb nach den Ableitungen des Kapitels 4.4 typisches Unternehmen ausgewählt:

- Das Unternehmen vermarktet und verbreitet Produkte und Dienstleistungen, die auf Copyrights/Urheberrechten basieren.
- Es agiert zu einem Teil erwerbswirtschaftlich.
- Das Unternehmen beschäftigt wenige Mitarbeiter, generiert einen eher geringen Umsatz und ist als gGmbH der Kategorie der Kleinunternehmungen zugehörig. Es zählt somit zu einem Kernbereich der Branche.
- Es wird durch einen das Geschäft prägenden Kultur-Unternehmer geführt.
- Die Zielsetzungen der Tätigkeiten sind wesentlich wertorientiert motiviert.
- Das Unternehmen verfügt über keine ausformulierte Strategie.
- Die Finanzkraft des Unternehmens ist – wie für das Gros der Branche üblich – eher gering.

5.1 Darstellung des Beratungsprozesses

Im Folgenden wird der Beratungsprozess dargestellt. Dabei wird den in Kapitel 3.1 identifizierten und u. a. in Tabelle 2 auf Seite 34 aufgeführten Prozessschritten *Initiierung, Produktion, Beteiligung, Entscheidung* und *Umsetzung/Überwachung* gefolgt.

5.1.1 Ausgangssituation

Das Unternehmen verwaltet und vermarktet das künstlerische Lebenswerk eines bedeutenden, bereits verstorbenen Fotografen des 20. Jahrhunderts. Die fotografischen Arbeiten dokumentieren u. a. im Bereich der Architekturfotografie die Stadtgeschichte seines langjährigen Lebensmittelpunktes sowie die Industriegeschichte ansässiger bedeutender Unternehmen. Das Gesamtwerk wurde zu seinen Lebzeiten durch den Sohn erworben. Der Sohn ist Mehrheitsgesellschafter des Unternehmens. Die Finanzierung des Unternehmens erfolgt überwiegend durch einen jährlichen Zuschuss der Stadt. Der eigenwirtschaftliche Part liegt vor allem im Verkauf von Prints und Rechten.

Angestrebt wird eine neue Beteiligungs- und Finanzierungsstruktur mit dem Ziel der langfristigen Sicherung des Unternehmens. In diesem Kontext wurde der Beratungsprozess für eine Leitbildentwicklung angestoßen. Für den Beratungsprozess stand ein Budget für max. drei Beratertage zur Verfügung. Ergebnis des Prozesses sollte ein Set von schriftlich fixierten Leitsätzen sein.

5.1.2 Beratungskonzeption

Wie in Kapitel 4.4 ausgeführt, bot sich für den Beratungsprozess ein Ansatz angelehnt an das Lean-Consulting-Konzept nach 3.2.2 an. Dafür sprachen im Besonderen:

- Das geringe Budget.
- Die Möglichkeit, wesentliche Teile der Analyse durch den Kultur-Unternehmer direkt vorbereiten zu lassen.
- Die Möglichkeit zu einer hohen partizipativen Prozessgestaltung.

Da das Unternehmen im Wesentlichen nur einen Mitarbeiter beschäftigt, wurde der Prozess dahingehend gestaltet, dass in den ersten Stufen der Ist-Analyse und der Entwicklung des Soll-Konzeptes ausschließlich mit dem Unternehmenseigner/Geschäftsführer gearbeitet wurde. Die Analysen wurden über Fragebögen für die Sitzungen vorbereitet. Die Leitsätze selbst wurden auf der Basis dieser Ausarbeitungen durch den Mitarbeiter formuliert und in einem Entscheidungsprozess mit dem Geschäftsführer verabschiedet. Für die Umsetzung und weitere Bearbeitung wurde ein Folgeworkshop vereinbart. Der Prozess erstreckte sich bis zum Ergebnis der formulierten und verabschiedeten Leitsätze über einen Zeitraum von sechs Wochen und konnte im Rahmen der vorgesehenen drei Beratertage umgesetzt werden. Abbildung 16 stellt den Prozess schematisch dar.

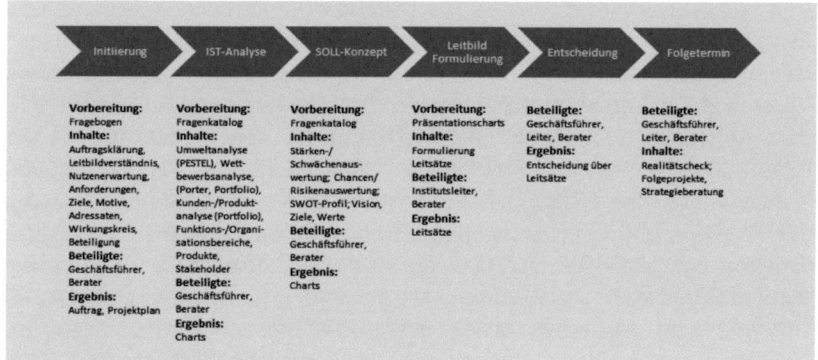

Abb.16: *Prozess der Leitbildentwicklung im Praxisprojekt*

Quelle: Eigene Darstellung.

Als grundlegende Methode für die Erarbeitung wurde im Besonderen auch vor dem Hintergrund der 1:1 Gespräche der ‚Sokratische Dialog' gewählt (vgl.: Kapitel 3.2).

5.1.3 Initiierung

Zur Sensibilisierung auf den Beratungsprozess sowie zur Gewinnung von Informationen zur Unternehmenskultur wurde im Vorfeld des ersten Arbeitsgespräches dem Geschäftsführer ein Fragebogen zugesendet. Der erste Termin fand in den Räumlichkeiten der Unternehmung statt. Es war außer dem Geschäftsführer der Leiter des Instituts zu gegen. Ziele des ersten Arbeitsgespräches waren die Klärung der Intentionen und der Motivation des Klienten, die Feststellung der Nutzenerwartungen an den Prozess und an das Resultat sowie die Festlegungen der Träger für die Leitbildentwicklung, der Adressaten des Leitbildes und des Geltungsbereiches. Ferner wurde ein gemeinsames Verständnis von Leitbildern erarbeitet.

Das Leitbild wurde durch den Geschäftsführer wie folgt charakterisiert: „Leitbilder richten das Handeln aus, wo will ich hin? Das Leitbild gibt die Richtung, die Ziele, ist Fluchtpunkt, begründet die Sinnhaftigkeit. Das Leitbild unterstützt die Kommunikation nach innen und nach außen. Leitbilder sind selbst definiert – die Planung stellt sich der Realität." Nutzen und Anforderungen wurden seitens des Geschäftsführers definiert: „Für das Leitbild ist es weniger wichtig, den Nutzen dahin gehend zu stiften, dass ‚ich weiß, wohin ich will' als dass es ein Koordinatensystem aufstellt, nach dem ich mich orientieren kann. Dabei soll das Leitbild Flexibilität gewährleisten und gleichzeitig eine Messlatte für die Anforderungen sein. Das Leitbild muss immer wieder angepasst werden. Vorstellungen und Ziele sollen systematisiert und synchronisiert werden. Das Leitbild muss Offenheit gewährleisten. Es soll einen Raum für die kontinuierliche Auseinandersetzung aufspannen." Genannte Zielstellungen für den Beratungsprozess waren: „Spannungsfeld Vision und Realität; es ist spannend, sich dem Prozess zu stellen. Aus Leitbildern entstehen gute Pläne." Als Motivation für den Prozess nannte der Klient: „Der Beratungs-/Entwicklungsprozess bringt eine Verdichtung von Vorstellungen. Der Dialog hilft der Fokussierung und Auseinandersetzung, der Reflexion und dem Nachdenken. Es besteht auch das Risiko, dass das Ergebnis ggf. irrelevant ist." U. a. auf Basis des versendeten Fragebogens wurden Grundwerte und Kulturaspekte genannt: „Humanistischer Ansatz im Unternehmen; Menschen sollen ihre Arbeit selbstbestimmt gestalten. Selbstbestimmung ist das stärkste Antriebselement für den Menschen. Menschen sollen in ihrer gesamten Persönlichkeit in der Arbeit aufgehen. Dieses Verständnis ist grundlegend für das Unternehmen. Die Unterschiedlichkeit der Menschen und das Prinzip der Selbstbestimmtheit erfordern auch Kritikfähigkeit und eine Selbstreflexion auf allen Ebenen." Als Wirkungskreis wurde festgelegt, dass das Leitbild nach innen orientiert sein und entsprechend auch zunächst nur nach innen kommuniziert werden soll. Ziel des Prozesses sollte es sein, den internen Dialog anzustoßen und anzuregen.

5.1.4 Produktion

Auf Basis eines Analysefragebogens und vorgelegter Unterlagen (BWA, Jahresabschluss, Planung 2011) wurden in der Phase der IST-Analyse wesentliche Aspekte der Unternehmensumwelt in der subjektiven Einschätzung durch den Geschäftsführer erfasst. Auf Makro-Ebene wurde die PESTEL-Analyse verwendet. Die Einflüsse wurden seitens des Geschäftsführers in ihrer Bedeutung für das Unternehmen bewertet. Anschließend erfolgte eine Erfassung der Kunden und Produkte. Diese wurden in einem Portfolio nach Umsatzbeitrag und Wachstumspotenzial eingeordnet. Für das Wettbewerbsumfeld wurden aktuelle Wettbewerber aus Sicht des Geschäftsführers in Hinblick auf Marketing, Produkte, Finanzkraft und Know-How beschrieben. In einer Branchenstrukturanalyse nach Porter (5-Forces) wurde das Wettbewerbsumfeld erfasst.

Es folgte eine Erfassung der Einschätzungen zur Unternehmung selbst. Hier wurden zunächst die Funktionsbereiche aufgeschlüsselt und charakterisiert. In die Betrachtung flossen Kritikpunkte an den aktuellen Abläufen mit ein. Im Folgenden wurden erneut die Produkte beleuchtet und über die Kategorien Leistungsbeschreibung, Preisniveau, Kunden/Zielgruppen beschrieben sowie ihre Entwicklungspotenziale eingeschätzt. Einen wesentlichen Teil machte die Stakeholderanalyse aus. Hier wurden die wesentlichen Interessen- und Anspruchsgruppen erfasst und in ihrer Bedeutung nach Grad der Einflussmöglichkeit und Grad des Interesses in einem Portfolio dargestellt. Für die SOLL-Konzeption wurden zunächst aus den bisherigen Analysen Chancen/Risiken und Stärken/Schwächen abgeleitet. Das daraus entwickelte SWOT-Profil diente als Grundlage für die Erarbeitung von SOLL-Vorstellungen. Außerdem wurden wesentliche im bisherigen Prozess erfasste Aussagen mit „Visionscharakter" bzw. zu Zielen und Werten aufgenommen und gemeinsam mit den aus der SWOT-Analyse abgeleiteten SOLL-Vorstellungen erörtert und gewichtet. Alle in dieser Weise mit dem Geschäftsführer erarbeiteten Analysen und Auswertungen wurden in einer Präsentation verdichtet. Es folgte ein Workshop mit dem Mitarbeiter. Hier wurden zunächst die Aussagen des Geschäftsführers reflektiert und in Teilen ergänzt bzw. überarbeitet. Auf dieser Basis wurden dann Leitsätze erarbeitet, die Antworten auf die Kernfragen geben: „Wer sind wir als Organisation? Welche Unternehmensziele wollen wir erfüllen? Auf welche Art wollen wir unsere Aufgaben bewältigen? Wer sind unsere Anspruchs- und Interessengruppen (Stakeholder) und wie verhalten wir uns ihnen gegenüber? Was sind unsere Werte und Grundüberzeugungen? Was macht uns zu etwas Einzigartigem?"[199] Folgende Aussagen wurden formuliert:

Vision: *Wir sind eine kulturwirtschaftlich orientierte, gemeinnützige Organisation der Kulturvermittlung.*
Aus xy (Stadt) heraus, der Lebens- und Wirkungsstätte des Fotografen H., entwickeln wir ein Kompetenzzentrum für Fotografie und Medienkunst mit überregionaler Bedeutung.
Mission: *Wir sind in unserer Arbeit dem Werk und dem Geist von H. verpflichtet.*
Business: *Wir stärken mit unseren Angeboten die Identität von xy (Stadt) und fungieren als kultureller Botschafter im nationalen und internationalen Umfeld.*
Unseren Erfolg begründen wir in der Einzigartigkeit und der Exklusivität des facettenreichen Lebenswerkes von H., der hohen Qualität unserer daraus entwickelten Produkte und Dienstleistungen sowie dem ehrlichen Engagement unserer Mitarbeiter.
Statement: *Im Freiraum für ein selbstbestimmtes Arbeiten sehen wir die Grundlage für die Entfaltung der Kreativität, Professionalität und Kompetenzen unserer Mitarbeiter.*

---

[199] Neubauer, W.: 2003, S. 109.

5.1.5 Beteiligung, Entscheidung, Umsetzung

Im Besonderen mit dem Workshop zur Leitbildformulierung wurde der Mitarbeiter eingebunden. Die hier allein mit ihm formulierten Leitsätze gemeinsam mit der überarbeiteten Präsentation wurden dem Geschäftsführer zur Entscheidung vorgelegt. Für die Umsetzung und einen Realitätscheck wurde ein Folgetermin vereinbart.

5.2 Bewertung des Prozesses

Die Bewertung des Prozesses soll sich im Folgenden im Wesentlichen an den Ergebnissen orientieren. Dabei wird Bezug genommen auf die Ausarbeitungen der vorangestellten Kapitel.

Die erarbeiteten Leitsätze wurden der Intention des Klienten folgend wesentlich auf die Innenwirkung ausgerichtet. Sie erfüllen im Wesentlichen die Funktionen (vgl. S. 5):

(1) Integration: ‚Wir sind ...', ‚Wir stärken ...'

(2) Orientierung: die Formulierung ‚kulturwirtschaftlich orientiert' impliziert sowohl kulturell ausgerichtete wie auch erwerbswirtschaftliche Tätigkeiten

(3) Legitimation: ‚wir sind in unserer Arbeit ... verpflichtet'

(4) Identifikation: der Wert des ‚selbstbestimmten Arbeitens' drückt beispielhaft eine gemeinsame Grundhaltung aus

(5) Differenzierung: über die Darstellung der ‚Einzigartigkeit und der Exklusivität' wird ein wesentliches Merkmal der Unterscheidung vermittelt.

Es ist zudem gelungen, dass Leitbild mit einer Vision auf die Zukunft auszurichten („...entwickeln wir ein Kompetenzzentrum ... mit überregionaler Bedeutung') und wesentliche Werte (u. a.: ‚Freiraum, selbstbestimmtes Arbeiten, Ehrlichkeit') mit aufzunehmen.

Aus der über die Selbsteinschätzung erfolgten Analyse heraus und über die damit verbundene unmittelbare Beteiligung von Geschäftsführer und Mitarbeiter ist gewährleistet, dass die Leitsätze anschlussfähig an die Ist-Situation im Unternehmen sind (vgl. S. 11 f.).

In den Beratungssitzungen wurde deutlich, dass Geschäftsführer und Mitarbeiter durchaus unterschiedliche Sichtweisen auf bestimmte Aspekte haben – gleichwohl sprechen u. a. der intensive Austausch zwischen beiden, ein nicht erkennbares Konkurrieren miteinander und gemeinsam geteilte Werte dafür, dass keine eigenständigen oder gar gegenläufigen Kulturen bestehen (vgl. S. 14). Insofern scheint gewährleistet, dass die Leitsätze kongruent mit den realen Gegebenheiten auch der Führung sind.

Die Unternehmenskultur lässt sich – bei aller gebotenen Vorsicht – als eine ‚Brot-und-Spiele' bzw. ‚work hard/play hard – Kultur' einordnen. Hierfür sprechen eine geringe Risikoaffinität über die Absicherung durch öffentliche Zuschüsse einerseits wie ein gleichzeitig agiles Agieren am Markt andererseits (vgl. S. 15 f.). Damit korrespondieren die interne Orientierung mit den Grundwerten der Partizipation, der Werteorientierung, der Überzeugungen und der Neigung zum offenen Diskurs (s. Ausführungen unter 5.1.3) einerseits sowie die nach außen orientierte Zielorientierung, Profilierung und Produktivität im Output andererseits. Nach Quinn (vgl. S. 17) kann der Unternehmung hier eine Ausprägung in Richtung Unterstützungs- und Zielkultur attestiert werden. Im Leitbild finden sich diese Aspekte im Besonderen im Statement sowie in aktivischen Beschreibungen wie: ‚wir stärken ...'.

Der in den Leitsätzen enthaltene Ansatz der Vision drückt sich über den offenen Begriff des ‚Kompetenzzentrums' mit der Zielstellung/Zukunftsvorstellung der ‚überregionalen Bedeutung' aus. Diese Vorstellung ist eine realistische Möglichkeit der Veränderung auf einen zukünftigen Zustand. Dies wurde im Wesentlichen (wenn auch auf der Basis von Selbsteinschätzungen) durch die Ableitung aus Ist-Analyse und Soll-Konzept (hier auch in der Antizipation eines zukünftigen Szenarios) abgesichert. Kreativität und Erfahrung der Mitarbeiter sind ebenfalls als wesentliche Elemente in die Leitsätze integriert. Sie gelten als wichtige Komponenten einer Visionsfindung. In der aktiven Form der Formulierung suggeriert der Visionssatz eine zwar noch nicht gegebene Wahrheit, lässt sie aber bereits als real erscheinen. In diesem Sinne kann der Satz die Wirkung einer ‚selbsterfüllenden Prophezeiung' entfalten (vgl. S. 21 f.). Schließlich signalisieren die Leitsätze die Erschließung von Nutzenpotenzialen nach innen wie nach außen. Dies ist in der Mission als ‚Verpflichtung' ebenso wie in dem Leitsatz zum Business mit ‚Wir stärken ...' begründet. Beide Formulierungen können im Sinne der Mission verstanden werden – wobei der Leitsatz zur ‚Verpflichtung' deutlich überdauernden Charakter hat und deshalb hier als Mission hervorgehoben und auf diese Weise vom ‚Business' abgesetzt wird (vgl. S. 23). Darüber hinaus wird mindestens ein für eine Strategische Erfolgsposition (vgl. S. 25) wesentliches Element formuliert: ‚... Einzigartigkeit und ... Exklusivität des facettenreichen Lebenswerkes ...'.

Damit erfüllen die Leitsätze sowohl Aspekte des normativen wie des strategischen Managements. Eine Operationalisierung und Konkretisierung bspw. in quantifizierten Zielen erfolgt in den Leitsätzen nicht. Dies müsste über eine weitere Strategiefindung geleistet und auf die einzelnen Funktionsbereiche hin spezifiziert werden.

Die erarbeiteten Leitsätze entsprechen somit den Ergebnissen aus den ersten beiden Phasen zur Entwicklung eines ‚Geschäftsleitbildes' (vgl. S. 34): Konkretisierung von Handlungsoptionen und Zusammenfassung in Leitsätzen. Für die Erarbeitung der Handlungsoptionen wurden standardisierte Methoden der Unternehmensberatung verwendet und in einem durch die Beratung geführten Prozess eingesetzt.

Dabei wurde ein iteratives Verfahren über die Beteiligung durch den Mitarbeiter und die Entscheidungsfindung über die Geschäftsführung sichergestellt. Dieses Verfahren erwies sich in der Kleinststruktur der Unternehmung als zielführend und effizient. Gleichzeitig hatte die Beratung auch Anteile eines Strategie-Coachings. Dabei erfüllte der Berater Rollen wie: ‚Außensichtgeber', ‚Analyst und Klärungshelfer', ‚Kommunikationsbrücke', ‚Prozesshelfer' und ‚Sparringspartner' (vgl. S. 42). Diese Rollen waren jederzeit akzeptiert und grundsätzlich auch seitens der Beteiligten gewünscht. Für den Prozess waren sie förderlich.

Sämtliche der in Kapitel 3.3 aufgeführten Kernaussagen zum Leitbildprozess wurden im Prozess ganz oder weitgehend umgesetzt.

Für die Akzeptanz des Prozesses war die Form der Arbeitsgespräche/1:1-Workshops mit der Methodik des ‚Sokratischen Dialogs' erfolgreich. Gleichzeitig erwies sich die Branchenzugehörigkeit des Beraters als hilfreich für den sachgerechten und vertrauensvollen Dialog. Die Vorbereitung über Fragenkataloge und Charts zeigte sich als deutliche Zeitersparnis. Dem Prozess zu Gute kam außerdem, dass der Unternehmenseigner/Geschäftsführer über intensive unternehmerische Erfahrung als Agenturchef verfügte.

Die Beteiligung aller Betroffenen konnte im Prozess zielführend gestaltet werden. Insofern kann von einer Akzeptanz der Ergebnisse auf allen Seiten ausgegangen werden.

Es wird aus Sicht des Beraters nicht ausreichen, wie seitens des Klienten zunächst intendiert, das Leitbild ausschließlich für das Innenverhältnis zu nutzen. Vielmehr wird es erforderlich sein, auch die Außenperspektive stärker mit einzubeziehen und hier ggf. auch wesentliche Stakeholder zu beteiligen.

Der Prozess der Leitbildentwicklung mit dem Ergebnis der Leitsätze bildet im Wesentlichen eine erste Stufe der Strategieberatung ab. Dabei ist kritisch anzumerken, dass der Zeitrahmen knapp und der Zeitaufwand relativ gering bemessen war. Für eine Strategieberatung reichen die Analysen nicht aus, da sie ausschließlich subjektive Einschätzungen widergeben. Trotz der unterstellten Marktkenntnisse des Klienten werden eine dezidiertere Analyse und ein gründlicher Prozess der Strategiefindung mit der Bereitstellung der notwendigen Ressourcen erforderlich sein. Die Leitsätze geben hier bereits eine erste Linie und bilden damit eine gute Basis.

Es ist zu erwarten, dass mit einer weiteren Beratung sowohl eine strategische Stoßrichtung zur Sicherung der Unternehmensfinanzierung gefunden wird (in den Workshops zeichneten sich hierzu bereits Ansätze ab) als auch Beiträge zur Professionalisierung der Unternehmung im Sinne erhöhter Effizienz und optimierter Steuerung erarbeitet werden können. Insofern kann der erste Beratungsbaustein der Leitbildformulierung als ein Anstoß gesehen werden, der in der weiteren Bearbeitung für das Unternehmen zu einer Verbesserung seiner Überlebensfähigkeit und/oder Ertrags- bzw. Kostensituation führen sollte.

Das gewählte Verfahren kann somit als ein für die Praxis tauglicher Beratungsprozess bewertet werden.

6 Fazit

Die vorliegende Arbeit stellte sich dem Thema Leitbildentwicklung als Beratungsprozess in Unternehmen der Kultur- und Kreativwirtschaft. Dabei war die Leitfrage:

Wie ist ein Beratungsprozess zur Leitbildentwicklung für Unternehmen der Kultur- und Kreativwirtschaft zu gestalten, damit das Ergebnis für den Klienten zu einer Verbesserung seiner Überlebensfähigkeit und/oder Ertrags- bzw. Kostensituation führt?

Hierzu wurde sich in einem ersten Teil dem in der Praxis heterogen verwendeten Begriff ‚Leitbild' genähert. Dabei wurden zwei wesentliche Perspektiven identifiziert, aus denen Leitbilder abgeleitet werden. Die eine Perspektive legt den Schwerpunkt auf die Organisation und ist eher kulturell orientiert, die zweite betont das Management und ist eher inhaltlich strategisch orientiert. Beide Perspektiven wurden anhand grundlegender Modelle vertieft dargestellt. Aus beiden Perspektiven wurden zudem für die Leitbildentwicklung relevante Aussagen abgeleitet. Schließlich wurde aus der Zusammenführung der Aussagen eine die weitere Arbeit leitende Begriffsbestimmung zu ‚Leitbild' entwickelt.

In einem zweiten Teil wurde der Schwerpunkt auf den Beratungsprozess zur Leitbildentwicklung gelegt. Zunächst wurden Prozessmodelle zur Leitbilderstellung allgemein sowie im Anschluss der Beratungsprozess als solcher und schließlich im Besonderen vor dem Hintergrund der Leitbildberatung dargestellt. Für diesen Prozess wesentliche Beratungsformate sowie Methoden und Instrumente wurden skizziert und eingeordnet. Auf dieser Grundlage wurden zehn Kernaussagen für den Beratungsprozess der Leitbildentwicklung formuliert.

Es wurde die Kultur- und Kreativwirtschaft ausführlich als Branche gewürdigt. Dies erschien erforderlich, da diese Branche erst in den letzten Jahren identifiziert wurde. Wesentliche Merkmale der Kultur- und Kreativwirtschaft wurden daher auf Basis aktueller Untersuchungen zusammengestellt. Hieraus wurden Schlussfolgerungen für die Beratung von Leitbildentwicklungsprozessen getroffen.

In einem Praxisprojekt konnten die Erkenntnisse angewendet und bewertet werden. Dabei wurde deutlich, dass die abgeleiteten Erkenntnisse und der hieraus entwickelte Prozess für den Praxisfall im Sinne der die Arbeit leitenden Frage positiv bewertet werden konnten. Das Ergebnis des Prozesses ist geeignet, dem Klienten zu einer Verbesserung der Überlebensfähigkeit und/oder der Kosten- und Ertragssituation zu führen.

Im Rahmen der Arbeit wurde im Wesentlichen auf Fachliteratur und veröffentlichte Studien zurückgegriffen. Gerade für die Branche der Kultur- und Kreativwirtschaft erscheint es als sinnvoll, im Rahmen einer intensiveren qualitativen und/oder quantitativen (Anschluss-) Forschung grundsätzliche Bedingungen für Consultingangebote zu erarbeiten. Vor allem wegen des unterstellten wirtschaftlichen Potenzials der Branche und der in weiten Teilen als gering einzuschätzenden betriebswirtschaftlichen Kompetenz der Akteure erscheint hier ein attraktives Betätigungsfeld für die Beratung vorzuliegen.

7 Literatur

Andersen, C.: *The Long Tail – Der lange Schwanz*. Hanser Verlag: München 2006

Bart, Christopher K.: *Sex, Lies, and Mission Statements*. Business Horizons 1997, vol. 40, issue 6, pages 9–18

Bleicher, K.: *Das Konzept integriertes Management*. Campus Verlag GmbH: Frankfurt 2004

Böttcher, T.: *Unternehmensvitalisierung durch leitbildorientiertes Change Management*. Rainer Hampp Verlag: München und Mehring 2002

Buber, R.; Fasching, H. (Hrsg.): *Leitbilder in Nonprofit Organisationen*. Management Book Service Betriebs-GmbH: Wien 1999

Cohn, R.: *Von der Psychoanalyse zur themenzentrierten Interaktion*. Klett-Cotta: Stuttgart 2004

Deal, T. E.; Kennedy, A.A.: *Corporate Cultures The Rites and Rituals of Corporate Life*. Basic Books: Cambridge 2000

Deutscher Bundestag, Drucksache 16/700: *Schlussbericht der Enquete-Kommission „Kultur in Deutschland"*. Bundesanzeiger Verlagsgesellschaft mbH: Köln 2007

Ertel, R.; Gaulhofer, M.; Haselbach, D.: *Kulturwirtschaftsbericht Niedersachsen 2007 – Ein ökonomischer Blick auf den Kultur- und Musiksektor*. ICG culturplan Unternehmensberatung GmbH: Berlin/Hannover 2007

Eschenbach, R.; Horak, C. (Hrsg.): *Führung der Nonprofit Organisation*. Schäffer-Poeschel Verlag GmbH: Stuttgart 2003

Fesel, B.; Söndermann, M.: *Culture and Creative Industries in Germany*. German Commission for UNESCO: Bonn 2007

Fink, A.; Siebe A.: *Handbuch Zukunftsmanagement*. Campus Verlag GmbH: 2006

Florida, R.: *The Rise of the Creative Class*. Basic Books: New York 2004

Graeßner, G.: *Moderation – das Lehrbuch*. ZIEL-Verlags GmbH: Augsburg 2008

Graf, P.; Spengler, M.: *Leitbild- und Konzeptentwicklung*. ZIEL-Verlags GmbH: Augsburg 2008

Hartmann, M.; Rieger, M.; Auert, A.: *Zielgerichtet moderieren*. Beltz Verlag: Weinheim, Basel, Berlin 2003

Heuermann, R., Herrmann F.: *Unternehmensberatung – Anatomie und Perspektive einer Dienstleistungselite*. Verlag Franz Vahlen GmbH: München 2003

Hinterhuber, H. H.: *Strategische Unternehmensführung I*. Walter de Gruyter GmbH & Co. KG: Berlin 2004

Howkins, J.: *The Creative Economy*. Penguin Books: London 2007

Hunsdiek, D.: *Unternehmensleitbild: Wegweiser einer zielorientierten Entwicklung der Unternehmenskultur*. In: Beyer, H.: *Vorteil Unternehmenskultur*. Verlag Bertelsmann Stiftung: Gütersloh 1996

Kadlec, S.: *Die strategische Bedeutung der Unternehmenskultur als Wettbewerbsfaktor*. GRIN Verlag: München 2009

KEA-Studie: *Der Einfluss von Kultur auf Kreativität*. Brüssel 2009

Kroeber, A. L., Kluckhohn, F.: *Culture: A critical review of concepts and definitions*. Cambridge, Massachusetts 1952

KPMG-Studie: *Unternehmensleitbilder in deutschen Unternehmen*. Frankfurt, Nürnberg 1999

Konrad, E. D. (Hrsg.): *Unternehmertum und Führungsverhalten im Kulturbereich*. Waxmann Verlag GmbH: Münster 2006

Lange, B.: Kalandides, A.; Stöber, B.; Wellmann, I. (Hg.): *Governance der Kreativwirtschaft – Diagnosen und Handlungsoptionen*. transcript Verlag: Bielefeld 2009

Langmaack, B.: *Einführung in die Themenzentrierte Interaktion TZI*. Beltz Verlag: Weinheim, Basel 2001

Mayer, M.: *Kulturwirtschaft im Wandel – Analyse der Digitalisierung von Musikindustrie, Filmindustrie und Literaturmarkt*. VDM Verlag Dr. Müller: Saarbrücken 2007

Müller-Stewens, G.; Lechner, C.: *Strategisches Management – Wie strategische Initiativen zum Wandel führen*. Schäffer-Poeschel Verlag: Stuttgart 2001

Neubauer, W.: *Organisationskultur*. Kohlhammer GmbH: Stuttgart 2003

Neuland, M.: *Neuland Moderation*. Manager-Seminare Verlags GmbH: Bonn 2003

Niedereichholz, C.: *Unternehmensberatung, Bd. 1: Beratungsmarketing und Auftragsakquisition*. R. Oldenbourg Verlag: München 1997

Niedereichholz, C.: *Unternehmensberatung, Bd. 2: Auftragsdurchführung und Qualitätssicherung*. R. Oldenbourg Verlag: München 1997

Peters, Th. J.; Waterman, R. H.: *In Search of Excellence*. HarperCollins: New York 2006

Pümpin, C.; Prange, J.: *Management der Unternehmensentwicklung*. Campus Verlag: Frankfurt 1991

Quinn, R. E.: *Beyond Rational Management – Mastering the Paradoxes and Competing Demands of High Performance*. Jossey-Bass Inc., Publishers: San Francisco 1988

Schein, E. H.: *Organisationskultur*. EHP – Edition Humanistische Psychologie: Bergisch Gladbach 2003

Seifert, J. W.: *Moderation*. In: Auhagen, E.; Bierhoff, H.-W. (Hrsg.): *Angewandte Sozialpsychologie*. Beltz Verlag: Weinheim, Basel, Berlin 2003

Söndermann, M.: *Leitfaden zur Erstellung einer statistischen Datengrundlage für die Kulturwirtschaft und eine länderübergreifende Auswertung kulturwirtschaftlicher Daten*. Büro für Kulturwirtschaftsforschung (KWF): Köln 2009

Söndermann, M.; Backes, C.; Arndt, O.; Brünink, D.: *Kultur- und Kreativwirtschaft: Ermittlung der gemeinsamen charakteristischen Definitionselemente der heterogenen Teilbereiche der „Kulturwirtschaft" zur Bestimmung ihrer Perspektiven aus volkswirtschaftlicher Sicht*. BMWI: Köln, Bremen, Berlin 2009

Spicker, J.: *Die Entwicklung des St. Galler Management-Modells am Institut für Betriebswirtschaft der Universität St. Gallen*. http://www.ifb.unisg.ch/org/ifb/ifbweb.nsf/wwwPubInhalteGer/St.Galler+Management-Modell?opendocument: 05.01.2011

Steinmann, H.; Schreyögg, G.: *Management – Grundlagen der Unternehmensführung*. Betriebswirtschaftlicher Verlag Dr. Th. Gabler/GWV Fachverlage GmbH: Wiesbaden 2005

Steinle, C.: *Ganzheitliches Management – Eine mehrdimensionale Sichtweise integrierter Unternehmensführung*. Betriebswirtschaftlicher Verlag Dr. Th. Gabler/GWV Fachverlage GmbH: Wiesbaden 2005

Stöger, R.: *Prozessmanagement*. Schäffer-Poeschel Verlag GmbH: Stuttgart 2009

Weckerle, C.; Gerig, M.; Söndermann, M.: *Kreativwirtschaft Schweiz*. Birkhäuser Verlag AG: Basel, Boston, Berlin 2008

Wolff, U.: *Strategie-Coaching*. In: Rauen, C. (Hrsg.): *Handbuch Coaching*. Hogrefe Verlag GmbH & Co. KG: Göttingen 2005